张梵 编著

佛珠·手串

收藏入门百科

化学工业出版社
·北京·

什么是文玩？
文玩珠子有哪些品种？
文玩珠子又有哪些"讲究"？
如何收藏和鉴赏各种文玩雅珠？
这里有"沉香、檀香、花梨、紫檀、菩提、琥珀、蜜蜡、南红、青金、松石、珊瑚、砗磲……"
对于它们，我们该如何认识、如何选购、如何保养？
关于文玩珠子的一切，您都会在书中找到答案。

图书在版编目（CIP）数据

佛珠·手串收藏入门百科 / 张梵编著. —北京：化学工业出版社，2015.1（2025.6重印）

ISBN 978-7-122-21606-9

Ⅰ.①佛… Ⅱ.①张… Ⅲ.①手工艺品-收藏-中国 Ⅳ.①G894

中国版本图书馆CIP数据核字（2014）第185149号

责任编辑：郑叶琳　　　　　　　　　装帧设计：尹琳琳
责任校对：陈　静

出版发行　化学工业出版社（北京市东城区青年湖南街13号　邮政编码100011）
印　　装　涿州市般润文化传播有限公司
787mm×1092mm 1/16　印张13½　字数350千字　2025年6月北京第1版第3次印刷

购书咨询：010-64518888　　　　　　　售后服务：010-64518899
网　　址：http://www.cip.com.cn
凡购买本书，如有缺损质量问题，本社销售中心负责调换。

定　价：88.00元　　　　　　　　　　　　　　　　　版权所有　违者必究

序 雅珠之美

从事文玩行业的几年间，见过无数大大小小，各式各样的珠子，可谓幸甚。那些珠子有的红如艳阳烈火、有的绿如苍山翠柳、有的白如梨花初雪、有的蓝如瀚海青天，或柔润、或艳丽，或有行云流水之纹理、或是古韵沧桑的老件，或暗藏芬芳无穷、或内含精妙变化，当自以为得窥全貌时，又忽然冷不丁的冒出一种全新的珠子，令你汗颜，不得不感叹造物之神，匠人之巧，可为世人打造出如此多的珍奇。纵有千条舌头、万张嘴，也是难以道出其中的一处。

思来想去，若我非得为这些珠子找到一个共性，只能是一个"美"字。珠子之美，便是大美，大美至简，大音希声。

每当看到琳琅满目的各类文玩珠子们陈列在橱柜中时，心中的画面总不会是静态的，不由想起白乐天的诗句："嘈嘈切切错杂弹，大珠小珠落玉盘。"这是一种错落的动态之美，带着无尽的想象，由自升起的，还有一种强烈的感受，渴望将其拿到手中，把玩也好，欣赏也罢，以静处来感悟其独特的美感。置于我而言，这是一种令人极其渴望去触及，更加害怕它们逝去的美。

然而珠子是不会逝去的，珠子们倾向于永恒，静静的、深深的平躺在那里，见证着时间的流逝、时代的更迭。时间会留下深深的印记，但这只会增加它的韵味。

珠子之美，动静相宜，沧桑变化，恒留意蕴。

感悟过沉香的雅、檀香的烈、紫檀的尊贵、花梨的傲然、琥珀的剔透、松石的淡泊、天珠的超凡、珊瑚的动魄、还要感悟那蜜蜡的宁静、青金的风情、水晶的无暇、玛瑙的深邃、凤眼的神秘、南红的艳丽、金刚的沧桑、碧玺的绮丽。当诸多的美感融于一体，会在你小小的世界里，绽放出珠子世界的五彩斑斓。

珠子的美，是一种归一的美，不同的雅珠集结在一起，各自展现着容颜，分而众美自散，合而群美独一。

珠子之美，交融之美，群芳争艳，动魄惊心。

把玩珠串的过程，是一个虔诚的过程，也是一个极其放松的过程，你或许常常因此而有所触动。佛曾以此念诵修得心静，由此后世的佛学徒们佩戴珠串以示崇敬，文玩雅珠不仅于此，它更有以美示人之意，我们佩戴的雅珠，展现着自我的独特品味。特殊的组合所营造的唯一感，是最特别的价值。

珠子之美，是一种独特的美，纵然百转千回，唯在动魄的一笑间。

看遍了各种珠子，就似看尽了人间百态，可惜凡人各有天命，终其一生也未必能尽览。撰此书，无他，唯以慰己，望自己所感悟到的各种美可以告之诸位！顿首。

张 梵

2015 年 1 月于北京

目录

第一章　碎语话珠　/001

第二章　文玩珠玑　/012

第三章　佛珠·手串辨赏　/029
　一　沉、檀　/030
　二　名木　/046
　三　菩提　/065
　四　珀蜡　/105
　五　玩石　/119
　六　玛瑙　/137
　七　橄榄　/148
　八　水晶　/161
　九　其他　/172

第四章　佛珠·手串的
　　　　设计和搭配　/192

后记　/202

2014年手串拍卖价格　/203

第一章 碎语话珠

优雅的多宝珠串

"珠"字是一个很奇妙的字眼,它有着极强的形象力和拟物感。当我们看到"珠"这个字时,脑海中通常会形成这样的画面:一个圆润的、饱满的物体形象。就如同成语中"珠圆玉润"一词所带给我们的感受一般。

我国古代最早的汉字解释书《说文》给"珠"的解释是:"珠,蚌之阴精。"那时"珠"所特指的是珍珠。古人称珍珠为"水精",意为"水所凝聚的精华",因而我们在使用"珠"的时候,往往会附带有着凝聚之精华的深层含义。另外,从我们常常使用的"珠联璧合"、"珠光宝气"、"珠宫贝阙"、"珠玉在侧"等等成语中不难看出:"珠"字之本意虽在珍珠、珠宝,蕴意则通常指向事物给人的美好感受。因此,"珠"字在中国文字中历来便被赋予了"精华"和"美好"内涵。

第一章 醉语话珠

珍珠

汉语发展到了现在,"珠"字不仅限于珍珠,它一般被用于代指像珠子一样圆形的、小型的物体,例如"泪珠"、"露珠"、"弹珠"等,它的描述一般是中性的。或许我们使用"珠"字时并没有刻意将"珠"字所蕴含的"精华"、"美好"之意融入其中,但我们的思维和语言习惯已自然而然地透露出我们所要表述对象的这些深层含义,因而才会有如"东方之珠"这样的赞美。

所以"珠"是一个奇妙且美好的字眼,有时我们在使用它时,自己都没有意识到它的奇妙和美好。

除了"圆满"、"精华"、"美好"等意义外,当我们把珠与佛学联系到一起时,我们可以领悟到"珠"中更深层的内涵。

把许多珠子用绳线串联在一起的时候，我们通常会联想到佛珠。在谈佛珠之前，我们须得先了解下古代类似于佛珠的"璎珞"和"华鬘"。

璎珞

《维摩诘经讲经文》中记载："整百宝之头冠，动八珍之璎珞"。意为将百种宝物融人头冠之上，将八种珍宝集合以成璎珞。

《妙法莲华经》中记载："金、银、琉璃、砗磲、玛瑙、真珠（即珍珠）、玫瑰七宝合成众华璎珞"。佛家七宝有数种版本解释，均表达世间最珍贵至宝之意。

璎珞，是一种以珠玉相串联而成的装饰品，最早是设计在古印度佛像的脖子用于点缀佛像的一个物件，其外形类似于颈圈。在唐代中国佛教盛行的时期，璎珞随着印度佛像而传入中国。这种造型华贵，内涵庄严的饰品受到了中国贵族女性的追捧和喜爱。在通过匠人们的精心设计和改造后，原本配于佛像的璎珞变成了一种潮流饰品流行于爱美的女性之中。它的制式更大了，设计更加精美了，所用的材质也更加珍贵了。于是，人们佩戴它来彰显自己的雍容华贵。

璎珞不仅具有彰显身份的装饰作用，在唐代佛学广盛的年代，它更是被蒙上一层佛教的色彩。人们使用佛学经典中记载的至宝来装点璎珞，赋予其"无量光明之意"，深受贵族、佛教徒之喜爱。

华鬘,亦作"花鬘"。"鬘"字意为装饰用之花环,华鬘即是一种用鲜花丝带相系而成佩于脖上、身上的具有装饰作用的环物。华鬘一般采用鲜花制作,带因此有美好的香味。与璎珞一样,华鬘也传自古代印度宗教,将它佩戴在身上,是一种宗教性的风俗。在佛教中,只有佛与菩萨可佩华鬘,以代表庄严、美好的意义,而比丘(僧人)是不得佩戴华鬘的,只能将其束、悬于房内,或以华鬘来供养佛。

璎珞和华鬘以佛教尊像饰品为始,逐渐演变成佛教文化华贵、庄严的装饰品,与佛珠有着异曲同工之妙。但相较之前两者,佛珠更则显得朴素无华,其佛意也更为深邃。

仿华鬘形制的现代文玩颈串

佛珠与璎珞、华鬘之间的关系有着诸多的说法:有言佛珠乃璎珞、华鬘简化衍变而来,有言佛珠早于此两者,早在古印度婆罗门时期信徒便有使用佛珠者。但不论孰先孰后,两者之间的密切关系是肯定的,佛珠和璎珞、华鬘一样,是一种宗教性和习俗性共存的饰物,然佛珠除了具有璎珞、华鬘所代表的庄严之意外,与佛教而言有着更深层面的作用。

佛珠具有作为佛教徒念诵计数法具的作用,因而不同于璎珞、华鬘,比丘(僧人)也是可以佩戴的。

佛教经典中记载佛珠起源,一般是以《木槵子经》为始,《木槵子经》记载:"佛告王言:'若欲灭烦恼障、报障者,当贯木槵子一百八,以常自随;若行、若坐、若卧,恒当至心无分散意,称佛陀、达摩、僧伽名,乃过一木槵子;如是渐次度木槵子,若十,若二十,若百,若千,乃至百千万。若能满二十万遍,身心不乱,无诸谄曲者,舍命得生第三焰天,衣食自然,常安乐行。若复能满一百万遍者,当得断除百八结业,始名背生死流、趣向泥洹,永断烦恼根,获无上果。'"

经文记载佛陀告法王以一百八木槵子为串做计数法具而诵经文,诵过得百万遍,便可以了却烦恼。可见佛珠对佛教弟子而言乃是修行之物,可增智慧,可除烦恼之物。

因而佛珠相比璎珞和华鬘,所具备的更深层次意义在于:它代表的

木槵子手串

木槵子为一种生在高山上的乔木,枝叶如椿树,其树籽黑而圆,坚硬且光亮,揉在手中光滑具有弹性,制作成念珠经年使用而不易坏,再加上佛经中的记载,因而多被用于制作佛珠,现已成为文玩菩提中的一种

是一种更为强大的修持心念的力量。佛教徒在修行的过程中，需要以此法物来摄持自己的心念，使其不流于各种欲念。这让佛珠和佛教禅宗有了异曲同工之用：如同坐禅中的"数息"一样，修持佛珠修持的是修心力和戒持力，修行者借盘捻佛珠以保持心念平稳而达到禅定的境界。因此佛珠也称"念珠"、"持珠"。

佛珠一般由绳子贯穿而系在一起，这源于华鬘的制作，华鬘是将鲜花用绳子系在一起，以将众多的芬芳香气融汇相合，令香味更具有凝聚力。佛珠亦然，佛教徒认为这是意指将佛陀的众多言教汇集起来，以使得修心众生的心念得以归一，聆听佛陀的教诲，一心求法而不流于恶道。关于佛珠的系法有以下几种：

一千零八十颗为一串

代表"迷与悟"的十界中每界的一百零八种烦恼，合计一千零八十种烦恼。

一百零八颗为一串

代表求佛中须断除的一百零八种烦恼。

五十四颗为一串

表示菩萨修行的五十四阶位。

四十二颗为一串

表示菩萨修行的四十二阶位（与五十四阶位说法有所不同）。

三十六颗为一串

一百零八颗的简化版，亦表示一百零八种烦恼，其中三颗归为一颗。

二十七颗为一串

表示小乘佛教中修行四向四果的二十七贤位。

二十一颗为一串

表示十地、十波罗蜜、佛果等二十一位

十八颗为一串

一百零八颗的简化版,亦表示一百零八种烦恼,其中六颗归为一颗。

十四颗为一串

表示菩萨的十四无畏。

(佛教相关名词在此不做一一详述)。

在中国历史上一些时期,珠子和珠串还具有代表着一个人的政治身份的作用。不同材质和形制的珠子是具有表示佩戴者不同身份的能力的,最典型的莫过于我们所熟知的清代官员所佩戴的顶珠与朝珠。

顶珠,是清朝的官吏在帽顶正中的饰物,其通过一个金属小座固定在帽顶上,采用不同的材质制作,不同材质代表着官员的不同品级。其中一品大员的顶珠为红宝石制作而成,二品为红珊瑚,三品为蓝宝石,四品为青金石,五品为水晶,六品为砗磲,七品为素金,八品为阴纹镂花金,九品为阳纹镂花金,不入品级之官员则不配有顶珠。按照当时的制度,官员必须严格遵照品级来配顶珠。若是越级者,必是重罪。

顶珠

朝珠,清代官员佩戴的一种挂于项颈,垂于脖前,计数为108颗成串的珠串。清制规定官员若穿朝服则必须佩戴朝珠,与顶珠一样,不同官级的官员所佩戴的朝珠有着不同的材质和制式,并严格规定不可越级。

第一章 醉语话珠

翠玉宝石朝珠

　　清宫旧藏，制作于清朝中的晚期。现藏于沈阳故宫博物院。此盘朝珠为典型的清宫样式，计有碧绿翡翠小珠108颗，4颗佛头珠及1个佛头塔均由珊瑚制作，左右3串记捻均由10颗碧玺小珠串成。此盘珠翡翠及宝石材质十分优异，这是清朝帝后穿着吉服和常服时戴用。

　　朝珠的材质有：珍珠、珊瑚、翡翠、琥珀、蜜蜡、鹤顶红、沉香、象牙玛瑙等等，以明黄、金黄及石青色的绦为饰。朝珠的佩戴有明确的规定：朝官只有文官五品、武官四品以上的，军机处、侍卫、礼部、国子监、太常寺、光禄寺、鸿胪寺等所属官员，以及五品官命妇以上才得挂用。同时根据官品的大小和地位高低，用珠和绦色都有所区别，其中珍珠和明黄色绦只有皇帝、皇后和皇太后才能使用。

　　朝珠的搭配方法和如今的文玩佛珠穿法有些类似，共108颗珠，分以27颗为间隔，放置一颗大珠，共四颗大珠，称为"分珠"。垂于胸前往下的"分珠"为"三通"珠，亦称为"佛头"，垂于背后的"分珠"连接一片下垂的"背云"。在朝珠的两侧，会连接系上三串小珠，其中左侧两串，右侧一串，各串有10粒小珠，称为"计捻"。在佩戴朝珠的时候，亦有多种讲究，男女佩戴时，两串"计捻"所在的一侧亦有男左女右之分。

朝珠的串配方法和藏式、汉式佛珠的配法有所相似，亦有所不同（关于藏式、汉地的穿法本书后文有详细记载）。关于其搭配的方式有诸多说法，在此列举一个较为权威的说法：108颗主体珠子相连代表的12个月加二十四节气加七十二候（古人以五天为一候，三候为一节气，七十二候对应一年各个时段的事物与自然气候现象，有生物和非生物两种描述），四颗"分珠"对应为春夏秋冬四个季节，"背云"表示的是"一元复始，万象跟新"的一年轮回，三串的"计捻"表示一个月的上、中、下三旬，共30颗，代表一月之三十日。朝珠的配法代表当时统治阶级对自然规律的尊重，也体现了中国人赋予珠子所代表自然力量的意义。

珠子的影响是无处不在的，放眼世界，亦是如此。在中国的文化历史上，我们

简化朝珠制式的文玩珠串

即便是抛开宗教文化不谈,有关珠子的记载也是不胜枚数,可以说中国珠子的文化自上古部落时期便已开始,人们对于珠子多种多样的使用,也早已融入生活的方方面面,从皇家贵族奢华顶饰上的镶嵌,到寻常百姓门前悬挂着的珠帘,珠子都发挥着它独有的圆融魅力,改变着人们的生活。本书并无意考证中国珠子的历史和文化。笔者才疏学浅,关于珠子的象征和内涵,也只点到而止,珠子的作用也绝非仅限于此,珠子在贸易中的作用,在占卜中的作用,在科学中的作用,均是巨大的,无处不在的。

前文中所提及的珠子和珠串本意中所蕴含的"精华"和"美好"之蕴意,在宗教中具备的"庄严"和"修持"之深意,并在历史上时常起到的"彰显身份"和"崇尚自然"的作用,均是为了引出下一章中文玩珠子的由来和解析。

第二章　文玩珠玑

第二章 文玩珠玑

文玩雅珠·手串

一、什么是文玩

关于"文玩"一词,有两种解释,在《汉典》中的解释为:供人赏玩用的器物。也可引申为,供人赏玩或摆设用的雅致器物,也即是说,只要这件物品是具有雅趣的,无论它是供人欣赏的,或者是供人把玩的,还是单纯作为摆设的,都可以称之为"文玩"。"文玩"的另一种解释是以其字面含义所引申出来的:指的是文房四宝及其衍生出来的各种文房玩意儿,有时甚至还可以包含除四宝外的文房物品,例如清代刘献廷在《广阳杂记》中有载:"誓自今日始,除经史典册外,其余一切文玩,悉皆屏除。",从此句不难看出,句中所说的"经史典册"也是包含于"文玩"一词所含范畴之内的。所以说"文玩"所包含的范围可以是十分广泛的,可谓是"含雅趣者皆乃文玩之大千"。

沉香文玩摆件

但是上文所说之"文玩"和我们如今在文玩市场上所见、所说的"文玩"还是有所不同的。现在我们看到的,购买的所谓"文玩",并不一定要局限在"书房玩物"之内,其范围甚至要比单纯的"雅致器物"更为广泛。那我们现在所说的"文玩"究竟是什么,如何去理解现代的"文玩"一词。

现代文玩及其文化,最为发达的区域非北京莫属。北京是一个有着悠久历史的文化名城,元朝定都于北京,后来朱元璋建立明朝,曾在一段时期内定都南京,后来明成祖朱棣再次迁都北京,这一迁,就奠定了

北京自此以后近七百年的帝王之城。一直到现在，北京都是中国政治和文化的中心。现在的北京城虽然和当年朱棣时期的已然大不相同，但是北京城无论如何变化，它最基本的规划格局从明成祖时期就已被奠定下来，可谓万变不离其宗，北京的建设始终是以紫禁城为核心的建筑环绕布局，以天干地支为准绳，南北道路纵横的格局。同样，北京城最根源的文化也因其所含的帝皇尊严而一直被延续，不曾被改变，因而无论时代如何变迁，各地文化如何的相互影响、冲击，北京城的文化改变的只是它的表达方式，它的根底始终如一，那是一种以皇城文化为核心的华夏根基式文化。而我们现在所说的"文玩"正是建立在这样一种文化基础上的一种中国式的表达方式。

繁华的北京文玩市场

"文玩"的这种表达方式是显然的、直接的，它首先体现在中国人对"玩"的追求上。北京人习惯使用"儿化音"，因此称"文玩"为"文玩儿"，这样的语言表达使得"文玩儿"一词带上了一种京式谐趣和自由，这种谐趣和自由自然而然地融入了"文玩"的文化当中。我们常见的花鸟鱼虫，如果严格以"文玩"之前的定义而言，这种世俗的活物难以登大雅之堂，当然不属于"文玩"的范畴之内。但是北京文化中对花鸟鱼虫的喜爱和赏玩不仅有着多年的历史，而且发展至今，群众面极为广大，所爱之人的年龄层次也十分宽广。现在，这些玩物儿也多在各类接地气的文玩市场中出售，在许多人的心目中，这些活蹦乱跳的"宝贝儿"其实早已与"文玩儿"无异，那它是否可以称为"文玩"呢？答案是肯定的，不仅因为这些东西往往和许多的文玩物件搭配共玩（在北京文玩市场中，"文玩葫芦"、"掐丝葫芦"通常被改良后作为养玩蝈蝈的容器使用），同时也因为这些趣味的玩物本身所带有的"玩趣"已与各类文玩玩件无异。其实北京文化中对这样的"文玩"的分类是比较自由的，它本身并非一定要是大雅之堂上的艺术品，它也无需非得是传承着如何悠久的文化，当它具有了趣味性和自由性时，它体现了国人对"玩"的追求，且并无违背中华文化的价值观时，它自然可被默认为"文玩"之列。简而言之，无"玩"则不以成文玩，有玩有说道，便是"文玩"。

那何谓"有玩有说道"，这里即体现了文玩的另一个重要特点：即是在玩之外，还得有一种说法，北京人称之为"讲究"。在此我们可先以"文玩核桃"为例，"文玩核桃"是一种特殊的核桃，和别的核桃不同，"文玩核桃"并不能食用，它是一种青皮果的果核，主产河北、山东一带，核内并无可食用之果实，在"文玩"的圈子里，"文玩核桃"一般是用于把玩的。

"文玩核桃"的"讲究"就多了：比如核桃的尺寸，核桃顶尖的长度，核桃两肩的宽度，核桃肚子上的棱线，核桃屁股是否稳当；再比如挑选的两个文玩核桃是否足够相似而可以配对；再比如根据不同的产地和外形所区分的品种等等。各种

文玩蝈蝈罐　材质：葫芦、象牙、玳瑁

第二章 女玩珠玑

"讲究"可谓纷繁复杂,依此"讲究"的核桃也门类众多。如若对"文玩核桃"的"讲究"到达了极致,所配成对的便是极品的核桃,不仅身价不菲,更是市场罕见。

再以"文玩橄榄核"为例,市面上"文玩橄榄核"多如牛毛,初学者刚入市场,会发现,价格从几十一条到几十万一条的橄榄核雕刻品都有,说道也是繁杂:什么"南工"、"北工"、"苏工"、"浙工"、"须派"、"殷派"、"某某大师作品"等,包括材质大小,"三花"、"四花",一般人没有行内指导,很容易让玩家一头雾水,而分不清好坏。这些说法虽然复杂,但也确有讲究,而这种"讲究"有的由来已久,有的是近年来形成,总而言之,若是没有"讲究",也就没有了说道,也就成不了"文玩"了。

文玩核桃

传说乾隆皇帝酷爱把玩核桃,并作有一诗咏之:掌上旋日月,时光欲倒流。周身气血涌,何年是白头?

文玩的这两大特点——"玩趣"和"讲究",其根源是源自北京文化的,这种文化是"皇城根"文化的一种外化,北京作为帝皇之都有着众多的皇亲贵胄,因此自古以来对于阶级、门第的概念看比较重,这种概念会衍生的生活的方方面面，吃穿住行，包括玩。贵族们因为有着充足的物质条件和闲暇时间，由此他们需要更多的玩乐来支持他们的精神生活，他们对于玩物的追求也更为的极致，于是便从外物世界中不断地开发出不同种别的玩物来，当然，这些玩物不仅要供玩者消遣、愉悦，更要能体现玩者的身份地位，如此，对于玩物、玩法的讲究便越来越多，当热衷于某件玩物的玩者形成了一个群体，群体里对玩物的讲究达成了一定的共识，那这件玩物便上升成为了"文玩"，长此以往，文玩的形成便不再是皇家贵族的专利，百姓之间也慢慢有了"文玩"。如此"文玩"的大观世界便产生了。

明清家具——罗汉床

明清时期由苏州进贡至北京的红木家具被称为"苏工家具"，其制式有明式与清式之分，后明、清家具的制造不再限于苏州，"苏工"也不限于家具的制造，"苏工"雕刻品也多有传入京城，因此也有了"苏工文玩"，材质有橄榄、竹扇等等。可见"文玩"的发展不仅是渐变式和多向式的，更是融于历史文化之中的。

在讲述了文玩最为普遍的两个特点——"玩趣"和"讲究"后。我们对于"文玩"的了解能更深入和清晰。"文玩"文化虽然是一种与北京文化息息相关的文化表现形式，但它却不是一种局限于北京的地域文化，不仅"文玩件"在选材上不拘于地理位置，在文化体现上也不止一种。比如常见的文玩橄榄核雕，其材质乌橄榄核主产自广东、广西，距北京千里之远；其雕刻门类也众多："苏工"、"浙工"、"海派"、"北工"等争相荟萃；对于核雕作品的玩赏，南北亦有差异：北方人偏爱大籽，喜爱把玩，南方人偏好小籽，喜欢佩戴。"文玩"可以说是一种从贵族消遣中衍生出来，逐渐走向普通百姓生活的产品。它发展至今，已经具有广泛的群众基础，具备了很强的亲和力；它虽然与北京的地域文化有着深远的联系，但是它并不局限于北京；它在发展过程中融入了多方的文化而变得更加的华丽多彩，姿态万千。 文玩不是一个地方的产物，它以小雅之堂的姿态逐渐走向大众，展现着其洋洋大观。

橄榄核雕刻作品

海南黄花梨手串

二、文玩的特性

现代"文玩"最主要的特点在于其不仅具有"玩趣",而且别有"讲究"。那是否带有"玩趣"和"讲究"的东西就都可以称之为"文玩"呢?如果是,那么像书画、文物、玉石岂不是都可以被称为"文玩"?如此说来,"文玩"的范畴似乎过于宽广了些。在此我们不得不注意:在认识当今市场上的"文玩"时,我们应该还要注意"文玩"所具备的两个特点:包容性和退让性。

我们在前文提到的花鸟鱼虫,之所以可以划分进"文玩"之列的重要原因,在于花鸟鱼虫不仅如同许多文玩雅件一样具有玩乐性,喜好者众多,同时它也早已同许多"文玩"活动联系到了一起,我们将其列入"文玩"的范围内,说明"文玩"是一个十分包容的含义,它的范围可以非常的自由,但是这里有一个前提:人们将赏花、遛鸟、养鱼、逗蝈蝈等活动开展开来并以此为乐,相互交流,这形成了一种"文玩"的活动,那么花鸟鱼虫便可称为"文玩"。但却不能因此认定花鸟鱼虫本身即是"文玩",因为文玩及其活动还具有退让性。

比如说你随便拿出一个盆景来,就称其为"文玩",这是不准确的,因为盆景首先是植物,只有当人们对其进行培植,或与人交流它的习性,或通过培育赋予其独特的生命色彩,继而欣赏它的美丽,享受它带给人们的缤纷或芬芳,以此修身养性,这样一个过程下来,才能称这个盆景为"文玩"玩件。而盆景本身只是盆景,是一种植物。再比如说鱼,河里有许多的鱼,我们只是捞出一条,那就只能说它是鱼,而当我通过挑选鱼种进行培养,令其具备了活力和美感生命之后,并从中获得培养的乐趣,逗它、赏它,那么这条鱼便可称其为文玩的一种,但是鱼本身仍然是一条鱼。所以说我们在了解"文玩"时,必须明白"文玩"是有一定的退让的。"文玩"的意义在于其行为和过程,它的乐趣亦在于此。

因此我们在了解"文玩"件的时候同样也得注意退让。

1. 玉器与"文玩"

人类使用玉器的历史十分悠久,同样的,玉器的文化也相当的博大。古人喻君子为玉,展现了中华文化中对玉所象征的无暇品格的崇拜。因此当我们拿到到一块美玉,判断其是否是"文玩"时,我们首先是抱着崇敬的心,去感悟其纯洁和美丽的,去欣赏其雕琢的,所以说美玉首先是玉器,而不是玩件。当我们以把玩、赏乐的心态去看待它,它方才能称之为一件"文玩"件。所以说物在手,其意心定。

2. 书画与"文玩"

书法艺术是中国的国粹,画也是一门精深的艺术,如若我们以"文玩"的心态去看待一件优秀的书画作品,我们只能从趣玩的角度去理解它,而不能真正地感受书画艺术内在的价值。因此书画是一门严肃的艺术,它并没有"文玩"那么自由,我们必须以严肃的心态去学习,而不能心怀"谐趣"。

3. 明清家具与"文玩"

许多人把明清家具当做"文玩"一种,这也是不准确的。明清家具是中国古典家具种类,其内含了中国传统文化的诸多元素,包含着中华儿女的智慧。明清家具材质大多用红木等名贵木材制作,"文玩"中也不乏名贵木制品,但是如此将明清家具当做"文玩",就是一件本末倒置的事情,明清家具体现其制式、器型、尺寸、制作技艺等内容,具有严格的高低评判标准的,如果只是以赏玩的心态看待,便会失去其本质的价值。

4. 珠宝与"文玩"

珠宝是彰显身份的,选用的材质都是珍贵的金属,体现的是其高价值,文玩中固然有很多珍贵的珠宝玉石,但是"文玩"其内涵核心并不在此,因此,珠宝首先是珠宝,如果将其当做"文玩",重点在于拥有者的心态。

5. 瓷器、文物与"文玩"

与书画、家具等类似,瓷器、文物首先应属于其固有的分类,体现于其收藏价值,当然,若作为"文玩",看重的应该是"文玩"所带来的趣味。

总而言之,"文玩"可以包含很多东西,但其核心追求的并不是材质是否珍贵,是否具有艺术价值,是否具有深厚的文化底蕴,是否具有收藏价值。"文玩"追求的是其中的趣妙,这种趣妙并非是肤浅的、庸俗的,而是雅俗共赏,修身养性的。"文玩"是广泛的、自由的,同时也是退让的,而对于许多珍稀的藏品,珍贵艺术品,我们更多的是要抱着一个崇敬的心,切勿以"文玩"之"玩趣"看待,也不要刻意去追求"文玩"的价值,而失去了它带给你快乐的本心。

老文玩新月菩提

三、文玩与修身养性

  北京文玩圈里有一句俗话,叫做"文玩,玩的就是一个乐。"这句话用以劝诫玩家,在玩文玩的过程中将主要的体验放于玩物所带来的乐趣中,而不要过于刻意的追求文玩里面的各种"讲究",因为如此容易产生比较心,而使玩家将本心放在了对"玩物"各种"说道"的寻求上,不仅失去了赏玩"文玩"本身所带来的乐趣,甚至会令人真正陷入玩物丧志的境地。所以说玩家无论是把玩,还是赏玩,还是佩戴,文玩的重心应该是玩家在玩乐的过程中获得的快乐,而这其中的乐趣,除了亲身感受,无以表达,可谓奇妙无穷,乐在其中。

  其实把玩也好,赏玩也好,文玩不仅仅可以给人带来心中的愉悦,它同时也是一种内心的修养。它是一种带有遁世感的休闲生活的表现。

第二章 女玩珠玑

雅致、优雅的香生活也是文玩生活的一种体现

在把玩、盘玩、赏玩的过程，玩家所获得的有时并不单纯是趣味和愉悦感，而是一种休闲安逸的生活状态，或者说，"文玩"生活是在繁忙、快速的现代都市生活中的一种难得的养心式的休闲生活。

因而文玩是具有修身养性作用的。除了文玩蕴含趣味性和它在生活方式的选择上，它所具有的文化、历史价值也是其修身养性的体现。我们选择、欣赏橄榄核雕刻的工艺，并把玩、揉搓，在一定程度上提高了我们的艺术的鉴赏能力。我们盘捻各类菩提子手串，更像是一种内省式的修持。我们佩戴沉香，品味沉香优雅的香气，寻求沉香形成中厚积薄发的魅力，我们用南红、松石点缀饰品，亲近于自然并寻求感悟，诸如此类，文玩的魅力在无形中可放大至内心和生活品味的层面。

香炉

藏羚羊角珠子

四、文玩与雅珠

文玩多宝串（多种不同材质组成的手串被称为多宝珠串）

在本文的第一章中，我们知道了关于"珠"的一些历史和内涵，"珠"的表现和形态已经融入到人类文明的很多方面，在文玩中亦然。文玩珠子是文玩的一种表现，它是通过各类特别的文玩材质制成的装饰品、把玩品、艺术品。称其为"雅珠"，因为其不仅仅是一种球形的圆珠，有时是椭圆的，有时是扁圆的，有时是桶、鼓形的，更有随形的。这些珠子品类广泛，以自然的形态进入文玩的世界中。它的样式、材质多种多样，丰富内容令"雅珠"们由此受到广大文玩爱好者的喜爱。

文玩雅珠可以作为手串佩戴，作为念珠手持，甚至作为一些配饰品点缀在身上。由于它多姿多彩的表现形态，它总是以特殊的、定制的形态出现在玩家身上。它具备珠子和文玩的双重特性，被赋予了"好玩"、"珍贵"、"文化内涵""修身养性"、"装饰"、"身份象征"、"品味"等诸多的涵义。

本书接下来将着重介绍各类文玩雅珠及其背后的意义。

文玩雅珠

第三章 佛珠·手串辨赏

沉香珠子真假辨别

沉、檀

一、沉香雅珠

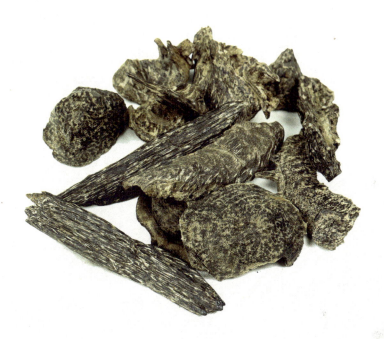

沉香

什么是沉香？

在众多文玩雅珠之中，沉香是最为低调、神秘的一个品类。在中国文化源源流长的数千年历史之中，香学文化以其高贵、奢侈的方式展现着其固有的魅力。而沉香更是其中最为珍贵却又最为神秘的品类。

沉香是一种油脂与木质的混合体。其中的主要成分为"沉香醇"和沉香木质。"沉香醇"是一种十分复杂的酮、萜类化合物。由于其成分的复杂，使得其带有十分特殊的芬芳香气，至今科技无法合成。

沉香的木质成分是一种瑞香科植物的木质部，当这种瑞香科植物（也称为沉香树）受到深达木质部的伤害时，其伤口在多种细菌的侵蚀下感染，沉香树体树脂产生一系列免疫作用最后形成油脂保护伤口，阻止感染的继续发生。这种油脂以及其木质载体的混合体便是沉香。因为沉香木所

野生沉香树

结出的沉香油脂比重较大,一般含油量较高的沉香入水可沉,由此而得名为"沉香"。

沉香加工而成的沉香手串

有时为了节省沉香原材的消耗,沉香也会被加工成随形的手串,虽然随形沉香没有圆珠手串规整,但是却别具一番自然的韵味。

由于沉香的形成需要一些特殊的条件，因此并不是所有的沉香树都会结出沉香来，这也令沉香的价格十分的高昂，再加上沉香一般都是不规则的形状，所以用沉香制作雅珠通常要消耗大量的香材，这也令沉香雅珠更加的价值连城。

佩戴沉香雅珠手串有何特别的意义呢？

沉香是世界三大宗教所共认的圣物，佛家认为其是唯一不用开光便具佛性之灵物。因此沉香往往会被赋予灵动、玄妙的色彩。佩戴沉香所彰显的是佩戴者低调而富有内涵的生活品味。

沉香香气柔美而沉稳，温中而养心。翻阅诸多中国历史上的医学名典，沉香在中医中有着极其重要的地位，《本经逢源》认为其"性温，秉南方纯阳之性，专于化气，诸气郁结不伸者宜之。温而不燥，行而不泄，扶脾达肾，摄火归源"。另外沉香也被认为具有"化邪气、清人神"之功效。其中优质品种"棋楠"被认为是难得一见的佳品，是唯修善者方可得见的。

沉香佛珠

沉香珠子的外观如何?

沉香珠子一般呈现棕黑色、黑色、黑绿色。珠体的表面会有比较明显的黑色油脂线,油线虽然有粗细、疏密的不同,但其整体是有一定规律可寻的。一般的情况下,油脂线会依照木质导管的走向分布,整齐划一,珠体纵面为油线,截面为油点,不会出现混乱,交叉的情况。但是如果恰好是树体疖子或留疤处所结的沉香,车下的珠子上也有可能会出现特殊的乱油脂分布。

由于结香前的伤口情况不同,沉香珠子上有时会间或出现白色的纯木质部,这属于正常现象。不过如果珠体是全黑油均匀分布的,业内会冠名为"黑珍珠",这种沉香珠子细看油脂密集,粗看整体均显纯黑,不过这种情况十分少见,因此价格也非常高昂。

沉香珠子上分布均匀的油脂线

如何对沉香珠子的品质进行判定？

沉香珠子的品质判断主要在三方面：珠子的油脂状况、珠子的密度和珠子的产区香型。三点中最重要的是珠子的密度。在沉香珠子品质的确定中，其中一个重要的因素是是否沉水。沉水就是沉香珠子的密度要大于水，而根据沉香珠子密度与水密度的关系，一般可以分为沉水、沉水符、浮水三个级别。价格依次下降，其中沉水价格要远高于下两级。下表可反映各种规格、各个不同级别沉香珠子的密度区间。

黑油沉香珠子

黄油沉香珠子

沉香手串正圆球体参考表

尺寸	单粒沉水（大于或等于）单位：g	沉水标准（大于或等于）单位：g	沉水浮（区间）单位：g	浮水（小于）单位：g
5咪①	0.065	7.28（不含隔珠）7.63（含隔珠）	5.83～7.28（不含隔珠）6.10～7.63（含隔珠）	5.83（不含隔珠）6.10（含隔珠）
6咪	0.113	12.66（含隔珠）	10.13～12.66（含隔珠）	10.13（含隔珠）
7咪	0.179	19.93（含隔珠）	15.94～19.93（含隔珠）	15.94（含隔珠）
8咪	0.269	29.91（含隔珠）5.91（18粒手串）	23.92～29.91（含隔珠）4.72～5.91（18粒手串）	23.92（含隔珠）4.72（19粒手串）
10咪	0.523	58.18（含隔珠）9.41（19粒手串）	46.54～58.18（含隔珠）7.52～9.41（19粒手串）	46.54（含隔珠）7.52（20粒手串）
12咪	0.904	15.36（17粒手串）	12.23～15.36（17粒手串）	12.23（17粒手串）
13咪	1.150	18.40（16粒手串）	14.72～18.40（16粒手串）	14.72（16粒手串）
14咪	1.436	21.54（15粒手串）	17.23～21.54（15粒手串）	17.23（15粒手串）
15咪	1.766	26.49（15粒手串）	21.19～26.49（15粒手串）	21.19（15粒手串）
16咪	2.144	30.01（14粒手串）	24.01～30.01（14粒手串）	24.01（14粒手串）
18咪	3.052	39.67（13粒手串）	31.73～39.67（13粒手串）	31.73（13粒手串）
20咪	4.187	50.24（12粒手串）	40.19～50.24（12粒手串）	40.19（12粒手串）

①1咪=0.1厘米。

注：5～10咪可做108粒手串，其中3粒隔珠、6粒须珠均小2咪，并附葫芦头一粒；8～20咪可做手串，手串标准粒数为括号内数值。

除了密度之外，一般情况下沉香珠子会有黑油、黄油两种不同的油脂颜色（棕黑色和黄褐色，棋楠珠子一般呈棕绿色）。其中黑油珠子因为品相更加出众会比黄油的珠子价值更高。

　　沉香珠子的价值还体现在珠子的产区香型上。由于沉香有分布在东南亚地区数个不同的产区。不同产区由于气候条件的差异，所结沉香的香型、香气也会有所不同，因此我们通常把不同产区的沉香珠子以不同产地的名称命名，自然也会有不同的香气类型。其中香气更加清甜的国内沉香珠子和香气更加蜜柔的"会安"系沉香珠子价格会高于香气偏向奶、醇的"星洲系"沉香珠子。但是前两者市面较为少见，而"星洲系"沉香珠子也有着不同产区香型之分（关于产区分布可参考拙作《沉香入门收藏百科》）。

　　最后，我们在判断时可用产区名加油色加规格加密度的方式来分别沉香。并以此为依据判定其价值。

伊利安黄油6咪沉水符沉香珠子

如何区分真假沉香珠子?

石头沉——一种压缩后的沉香珠子

学会感知天然香气和香精香气,因为香味是不会骗人的

沉香珠子的真假判定是比较困难的，因为沉香唯一无法制假的只有它的香味，而香味的判断是基于嗅觉和经验的。而嗅觉这种感性认知对初玩玩家而言是比较困难的，所以许多玩家害怕沉香，认为其"水太深"。

对沉香的判断还是要基于多接触、多品闻。当对沉香的天然香气感知多了，对其质感、密度感受多了，你就会容易区分真假了。

对初学者而言，可通过以下几个方法：

烧。闻香气，如果珠子品香完美，那么取一些车珠子后剩下的碎料用火烧，沉香燃烧时表面会有油点沸腾，火灭后烟气是清白的，香味柔和，甜凉。如有刺鼻气味则肯定是假的。

称。如果是油脂较高的沉香珠子，密度一般会在上文表格的区间范围左右，沉水一般不超过水密度的30%，否则珠体为压制的可能性很大。

感。沉香是油、木混合物，因此它车成的珠子用手摸起来一般是油脂感和木质感。如果过于光滑或类似金属质感，则不可能为真。

目前市场内对于假沉香的制作一般是基于两种方式：以假乱真和以次充好。以假乱真是用假沉香蒙骗初学者，而以次充好是以差沉香乔装好沉香来忽悠还没全懂的玩家。

白木沉香手串，用沉香木做成，成本较低，没什么收藏价值

如何佩戴、养护沉香雅珠？

沉香是天然的香料，一般使用沉香雅珠时尽可能不要使用含有化学香气的化妆品，精油等物，也不要吸烟，香烟的烟气会影响沉香的香气品质。沉香珠子也无需把玩盘捻令其包浆，只需要佩戴，品味其淡淡的幽香即可。在搭配沉香时，只需要简单的配饰就行，沉香的魅力在于其原始、自然、淳朴的美感，它所蕴含的是厚积薄发的力量，无需哗众取宠，喜爱沉香的人必定是低调有涵养之人。

沉香雅珠

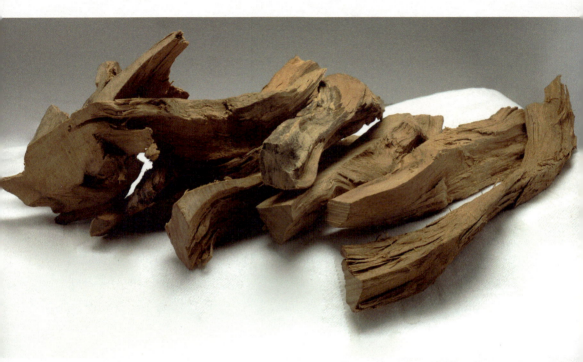

印度老山檀香香材

什么是檀香？

"沉、檀、龙、麝"是中国古代的四大名香，其中沉香居首，檀香次之，沉、檀也是香品中唯一可以制作成雅珠的材料。龙涎香和麝香因为其材质形态和药性的制约，一般不被制作成雅珠佩戴。

和沉香的油脂发香不同，檀香是木材本身散发的香气。檀香的香气浓烈、腥甜，穿透力更强。和红木一样，檀香树的树干主体有边材和心材之分，边材是白色的，无气味，而心材才是我们常说的檀香。这种植物一般生在于印度、印度尼西亚、澳大利亚等地，我国也有栽培品种，而在文玩市场上出现的檀香雅珠一般是印度、印度尼西亚、澳大利亚三个产区的品种，其中以印度产为最佳。

佩戴檀香雅珠的寓意？

在中国古代，檀香的作用是祛秽、辟邪。传说檀香由于其张扬的香气，代表的是正气之物，邪魔不近之香。也正是因其香气浓烈，选择佩戴檀香雅珠必定是欣赏、喜爱这种香气之人，一般为高洁之士，并带有嫉恶如仇之勇气。

檀香外观比较素雅，一般是呈黄色，且颜色单一，并没有什么变化，与人体的皮肤也比较接近。檀香这种朴素的外衣也令其受到了许多高僧的喜爱。檀香珠配僧服也算是一种较多的搭配。檀香也是适合居士佩戴的一种雅珠手串。

外表无甚出奇的檀香素珠

檀香雅珠如何分类、判别？

文玩市场中的檀香雅珠一般根据其产区不同分为印度老山檀香、印尼东加檀香、澳洲檀香三种，其中印度老山檀香价格较高，另外两种价格较低。

檀香雅珠的品质一般根据其所用材料的新、老，密度来区分。其中取材后放置一段时间，令其香气沉淀，去腥气后的被称为老料。老料的香气更加柔和，奶香味更加明显，而新料会偏生气，偏腥浓，所以市面上老料的老山檀香珠子价格要高于新料老山檀香珠子。（香市上通常将新料老山檀香称为新山檀香，其实"新山"并非产区名，而"老山"确实存在。）

在香味区别上，印度所产的老山檀香价格要远高于印尼东加檀香和澳洲檀香的价格，所以市场上常常以后两种来冒充老山檀香欺骗玩家。由于三种产区的檀香在外观上无太大差别，因此需要玩家通过对香味的鉴别和细细品闻来区别产区，同时判断价值。

同沉香一样，檀香雅珠也是有沉水和不沉水之分的，沉水要贵于浮水，只是两者价格相差并没有沉香那么巨大。相比沉香，檀香的产量还是较高的，因此市场价值要低很多。

如何搭配檀香雅珠？

和沉香雅珠相似，檀香雅珠的搭配也是比较朴素者为好，单纯佩戴素珠亦可彰显独特的品位。也可以配几颗南红、松石作为点缀，如此搭配会偏向于视觉的跳跃。若在素珠处只简单做一个中国结，也可以有独特的韵味。

第三章 佛珠手串辨赏

檀香念珠，颇具佛韵

▶ 正确保养沉、檀类珠子

"海黄"和"越南"珠子辨别

名木

一、黄花梨雅珠

什么是黄花梨？

黄花梨，学名降香黄檀，是一种豆科植物，一般分布在我国海南地区，是一种较为稀少的珍贵树种。

黄花梨也称为黄花狸，或者花梨、花狸，但文玩或红木市场上所说的花梨、红花梨、草花梨并非我们现在所说的黄花梨。黄花梨木的价值和珍贵程度要远远高于其他这些"花梨"们，可以说在文玩市场的所有红木类制品中，海南黄花梨的价格是最为昂贵的。

纹理清晰、美丽的海南黄花梨木

虽然现在文玩市场上的黄花梨雅珠已经十分昂贵，但是黄花梨的价值最早并没有体现在文玩市场上。我们把黄花梨作为一种把玩品、装饰品使用的历史并不久远，而黄花梨最早体现其价值的是它作为一种家具木材的使用上。

我国明清时期的家具制式有着很高的艺术价值，其中，明式家具可以被称为中国，乃至世界家具制式的巅峰之作。它有着简洁、流畅的线条美感；天地方圆的贵族制式，它饱含中国数千年匠人的智慧和文化，一直以来就受到各界主流收藏市场的青睐。时至今日，中国许多地方的老家具依然使用的是明代制式，即便新制家具也不难看到明式的影子。

而推动现代中国明式家具的收藏市场的，是新中国成立后北京研究古典家具的一帮"老玩家"们，其中最著名的当属王世襄和他的著作《明式家具研究》，在一定程度上，这部巨著推动了中国的民间收藏家们、匠人们，乃至商人们蜂拥追捧明式家具的热潮。这股风潮最直接的影响是令明式家具的主要制作木材——海南黄花梨的价格呈几何倍数狂飙猛升。

黄花梨因为其坚韧的木性、直挺的木形，自古就是匠人们制作家具的良材，而天下的黄花梨却只有海南可产（当时中国并未从越南大量取用越南黄花梨），由此造成的资源消耗十分巨大。而海南黄花梨木以稀为贵，价格一直居高不下。在历史、市场、资源匮乏的多重作用下，海南黄花梨的家具现在已经极为稀少，而且价格不菲。由此，人们开始将目标转移到黄花梨小件木器的收藏上，黄花梨雅珠由此而诞生。

海南黄花梨雅珠

佩戴黄花梨雅珠有何种意义？

黄花梨雅珠的特别之处在于这种木材其实是一味名贵的中药，因此带有一种清甜微涩的芳香。这种香味在一般情况下很难闻到，但是如果是新车出来不久的雅珠，或者用毛巾用力搓揉至微微发热，我们就能感觉到这种独特的香气。

黄花梨雅珠一般取材于黄花梨木的心材部分。黄花梨木分为边材和心材，边材连接树皮，颜色白，木质干、软，易被虫噬蚁咬。而心材是树体成年后慢慢生长出来的，木性坚韧，且极为稳定（有时黄花梨雅珠上会带有边材，时间长了边材是会腐朽烂去的，购买时需要注意）。

黄花梨药性辛、温，对治疗风湿、腰痛都有一定效果，磨粉外敷，具有止血的疗效，而内服，对高血压亦有一定的效果。因此文玩圈内认为佩戴黄花梨有一定的保健作用，但不可迷信于此。

纹理细腻、飘逸的黄花梨手串

黄花梨雅珠通常会带有如高山流水般飘逸的纹理，十分赏心悦目，而其木质温润，密度虽不高，木性却很细腻，可表现佩戴者超凡脱俗的雅趣。

糠梨珠子发干，颜色发黄，密度相对酥松些

油梨珠子更润，颜色发红，密度相对高一些

紫油梨珠子颜色带有紫红色，手感更加柔润，但是纹理粗，没有糠梨、油梨的清晰

怎样区分黄花梨的好坏，判断其价值？

文玩市场上的黄花梨雅珠一般分为海南黄花梨雅珠和越南黄花梨雅珠，我们一般简称其"海黄"和"越黄"。两者因为木质和历史记载的不同，价值也有所不同。一般情况下，"海黄"的珠子价格会高于"越黄"的珠子。

除了产地之外，一条黄花梨雅珠手串的价格高低还要根据其密度、细腻度和纹理三方面看，一般而言密度越大，细腻度越高（木棕眼越细、越少），纹理越清晰、美丽的珠子价格就越高。另外，黄花梨珠子根据颜色、润度、油性的不同，还可以分为糠梨、油梨、紫油梨三种，价格依次递增。

"海黄"、"越黄"有何不同？

在文玩市场上，"海黄"珠子是高贵、高价的代名词，而"越黄"珠子则是廉价、低端的代名词。有玩家甚至认为，只要是纹理模糊，不够清晰，密度低，棕眼大的珠子，就是"越黄"，反之，就是海黄。笔者认为这是部分玩家对黄花梨的误解，也是对"越黄"的一种偏见。越黄中也不乏纹理细腻，木质柔润的好珠子，只是相对较少而已，而"海黄"也不是每一条都惊世脱俗的。

其实"海黄"珠子和"越黄"珠子最大的区别还是在于两者的香气不同，特别是在用粗布揉搓升温后，香气挥发特别明显。"海黄"的香气是带有丝丝辛麻药气的清香，而"越黄"会带有一种酸涩的浊香气。从香气处，才可感知两者的高低。

品质较好的黄花梨珠子纹理细腻，如同工笔画一般线条清晰细致

品质较低的黄花梨珠子纹理粗犷，如同水墨画一般整体晕染扩散

黄花梨雅珠在选择时尽量选择其中每一颗珠子都是同一块料上下来的，如此可以保证手串纹理风格一致，具有整体美感

黄花梨珠子上的鬼脸纹

黄花梨珠子上如山水次比般的水波纹

黄花梨珠子上的对眼十字纹理

什么是"水波纹"、"猴脸纹"、"蜘蛛纹"、"鬼脸纹"、"对眼十字纹",这些纹理重要吗?

黄花梨珠子由于其材质木质本身的不同,加上取材位置有异,通常会出现各种不同的纹理,这些纹理千奇百怪,给了人们无尽的想象空间,于是便有了各种对纹理的命名。这些纹理成为了买家对黄花梨雅珠选择的标准和极致的追求。笔者认为其实大可不必过于计较纹理的类型,因为黄花梨给人的感觉还是以飘逸为主,只要纹理足够精美,不用偏执的追求。

二、小叶紫檀雅珠

什么是小叶紫檀?

小叶紫檀雅珠

小叶紫檀，学名檀香紫檀，紫檀属木本植物。小叶紫檀在《红木国标》中确定为红木树种，且小叶紫檀为红木之首。紫檀木性坚实、厚重，木质细腻、光滑，密度大，棕眼细，稳定性优，纹理漂亮，韧性好，耐雕琢，一般产于热带、亚热带原始森林，其中以印度所产小叶紫檀为最优，其中又以迈索尔附近热带雨林所产为最佳。

小叶紫檀的成材周期很长，一般需要5年才可长出一年轮，同多数红木一样，小叶紫檀的木质也是有心材和边材之分，而唯有心材是可用之材，其心材硬度可居所有硬木之首。关于小叶紫檀的心材，有一种很流行的说法，叫做"十檀九空"，其意思是十根小叶紫檀木的心材有九根内部为空心，因此木材的利用率也很低，再加上木材本身的稀缺性，由此造成小叶紫檀高昂的市场价格。

清代雕龙顶箱柜——小叶紫檀的选料加繁杂的雕饰成为清代家具的典型特征

为什么称小叶紫檀为"帝皇之木"，其佩戴有何意义？

小叶紫檀在中国古典家具中有着很高的地位，抛开市场价值不谈，小叶紫檀在名声和历史地位上甚至要高于黄花梨木和金丝楠木。其主要原因在于，黄花梨和金丝楠木在历史上地位虽高，其使用者除了皇亲贵胄，亦有名门富豪，而小叶紫檀则几乎是一种被皇室所垄断的木质资源，尤其在清代，

几乎是宫廷专用之木材。因而称其为"帝皇之木",一点也不为过。

这里不去比较这些名木之间的木性、木质相差如何,资源稀缺性如何,但我们须知:黄花梨和金丝楠木的资源大多为国内所产、所出,而只有小叶紫檀,中国国内几乎没有产量,所有的资源都依赖于进口。在清代宫廷,户部曾专门设立据点从东南亚诸国采购这类木材,而其采购的数量稀少,也只够皇家使用,因此民间更是难得一见。

清皇室之所以对小叶紫檀木材如此的喜爱,其根本原因在清朝皇室对汉族统治的不安定感。清皇室是少数民族女真后裔,无论从其民族文化和历史,都无法和汉族文化的渊源和博大相比较。在文化、历史上的薄弱感要求其想要在通过其他外在、具象的事物来弥补其统治的权威性,其中就包含了对皇室木材的选用上。相比明代统治阶级偏好黄花梨等更轻便、坚韧的木材,清皇室选择了木质更加坚硬、密度更高的小叶紫檀,以通过小叶紫檀的厚重感来增强统治威严。同理,清式家具的制式也比明式家具更加厚重、繁杂。

综上而言,小叶紫檀雅珠便在文化上被赋予了一种高贵的气质,而由于是清代皇室用木,小叶紫檀在北京文玩文化中更被蒙上了一种独特的尊荣感。

如何选择小叶紫檀雅珠,其品质如何区分判断?

小叶紫檀雅珠手串一般由小叶紫檀木心材部分车出,所以珠体周围如含边材(也可称白皮)是大忌,会对珠子整体的美感造成破坏式的影响。一般新车小叶紫檀的珠子会偏向紫红色,随着其表层的慢慢氧化,最后呈现的颜色是紫黑色。

挑选小叶紫檀雅珠最重要在于三个指标:密度、棕眼和金星。

高品质小叶紫檀圆珠

　　小叶紫檀的优点在于其高密度和高硬度，所以密度高低是衡量一条小叶紫檀雅珠选材品质高低的首要指标。我们在挑选时一般在确定了雅珠规格大小后，择取重量较高者。在文玩市场中，一般小叶檀雅珠男士手串由14颗直径2.0cm的珠子组成。这种规格在行内有一个"70g"说法，指的是在这种规格下，如若重量达到70g以上，则视为精品小叶紫檀，十分难得。但是我们在选购时必须注意，所谓70g的重量是必须在直径2.0cm，14颗成串的基础上。有些厂家利用玩家的"70g"心理，将珠子做成直径2.1cm，或者2.05cm，在这种规格下，重量超过70g其实并不罕见。

选购小叶紫檀雅珠的第二个标准是棕眼,这和黄花梨雅珠的选购有些类似,一般珠子密度较高者棕眼较少,而棕眼较大者珠子发干,润度较差。但需要注意的是,小叶紫檀的棕眼会呈细小的"S"型,行内称其为"牛毛纹",这种特殊的棕眼形式被行内认为是鉴别小叶紫檀真假的一个重要标准。

在选择小叶紫檀雅珠时,"金星"成为衡量珠子品质的重要标准,也是衡量其价格高低的重要因素。"金星"也可称为紫檀素,这是小叶紫檀木质独有的一种元素,小叶紫檀在生长过程中吸收了泥土里的养分进入木质中,通过树体在导管中的一些作用形成了金色的反光物质,在车成珠子后分布在珠体表面,被称为"金星"。

小叶紫檀珠子上的"金星",天然"金星"在纵面上如同断续的虚线,在横面上呈金点状分布,人工"金星"金线较粗,且呈实线分布

许多玩家在选择小叶紫檀雅珠时还会去考量珠子上的黑筋、留疤、颜色等因素。黑筋是否影响小叶檀珠子的整体美感是因人而异的。而留疤是取材自小叶紫檀瘿瘤处,其天然的、乱而不杂的纹理同样令人瞩目。至于颜色,前文提到,新车珠子较艳,时间长了自然会暗。当然根据珠子颜色的艳度不同,会有所谓"鸡血红"珠子一说,但时间长了,珠子

自然变色，所以不用刻意去追求。

小叶紫檀雅珠如何搭配佩戴？

与黄花梨雅珠不同，文玩市场上的小叶紫檀配饰品更加丰富，种类也更多，小料小叶紫檀珠子是比较常见的配饰品和佛珠，搭配方式很也多。笔者建议玩家在佩戴小叶紫檀时，还是因以简单配饰为主，小叶紫檀本身就具有高贵的气质，无需通过过多繁杂的珠子搭配，有时简单方能体现大气。

小叶紫檀"鸡血红"金星108佛珠

各类小叶紫檀雅珠制品

如何鉴别小叶紫檀珠子真假？

对小叶紫檀珠子的鉴别方法比较多，对初玩者而言，比较简单的防范主要有以下几种：

1. 颜色

小叶紫檀是一种可以被作为颜料的材料，即便把它作为珠子，它也具有一定的染色能力。用一块白布在一串新车的小叶紫檀珠子上揉搓，白布上很容易被染上紫红色。

2. 纹理

如前文所说，牛毛纹是小叶紫檀特有的标志，自然金星也可被作为判断小叶紫檀珠子的标准之一。

3. 生长轮

无论珠子上黑筋是否明显，其生长年轮的纹理还是会在珠子中若有似无的表现出来，如果是整颗珠子完全一色，没有层次感，则绝不会是小叶紫檀珠子。

4. 闻香气

小叶紫檀珠子会一些微弱的木质清香，尤其是新做出来的珠子，老珠子则没有香味。

5. 油质感

好的小叶紫檀有油质感；大多数红木都具备这种感觉，是通透的，如玉质般的柔润。

小叶紫檀珠体上可以看出生长纹理，带有明显的层次，并且质感是通透的

三、金丝楠木雅珠

金丝楠木雅珠手串

什么是金丝楠?

金丝楠木属桢楠属树种,树体高耸,古时常能开出大料,现因资源稀缺性而较难产大料。金丝楠木主产自我国的四川地区,木材珍贵,也是一种皇家用木。金丝楠木也可称为"紫金楠",相传因为皇家使用较多,便跟随"紫禁城"之名而称呼。

金丝楠被称为"帝皇之木"也有它的原因,但与小叶紫檀不同,小叶紫檀的皇家荣誉来源历史,而金丝楠木则偏向于文化。金丝楠木在一定的历史时期也曾出现过皇家专用的情况,但是民间使用金丝楠木作为房梁、家具的情况也很多见,这主要集中在四川金丝楠多产地区,因此现在的多数金丝楠木大料都是取自川地人家的老房。金丝楠木树体高大,直通天际,可谓名副其实之参天大树,因此在古代也被尊为通天之树,中国文化对天的崇拜尤甚,帝王自称"天子",皇权天赋,百姓更以能通

天者为尊,所以中国的祭祀文化实则是人试图同上天沟通的方式。金丝楠木的高大和直耸正迎合帝王对上天的崇敬和高人一等尊严感,这令金丝楠木也具有了"帝王之尊",被称为"帝王之木"。

什么是阴沉金丝楠木?它的珠子怎么样?

阴沉金丝楠木也称为"乌木",也可称金丝楠阴沉木。"阴沉"是木头的一种状态,一般出现在楠木科里的桢楠属木材,指的是当木材埋在泥土中或长期沉于水底数千年后,木质颜色、纹理、气味、密度等出现一系列变化后形成的一种状况。"阴沉木"因其特殊的纹理、质感和晶莹剔透,极富层次的木质光感而受到广大收藏人群的喜爱,加上"阴沉"其产量较低,生成原因特别,因此市场价值十分高昂。

阴沉金丝楠木雅珠手串

阴沉金丝楠木手串价格一般要高于普通的金丝楠木手串。阴沉金丝楠木手串表面呈现如同"猫眼"一般深邃,晶莹的质感。金丝楠木的珠子一般呈黄色,而阴沉金丝楠木珠子一般呈绿褐色。

如何辨别金丝楠木类手串的品质？

无论是金丝楠木还是阴沉金丝楠木，其品质高低辨别相对黄花梨和小叶紫檀而言，要简单很多。金丝楠木相对而言密度较低，所以密度并非衡量这种木质手串的标准。金丝楠木类手串最为重要的衡量标准是珠体表面的波状纹理，也就是玩家常说的"水波纹"。

无论是金丝楠木，还是阴沉金丝楠木，表面的水波纹都是其真假的重要评判标准，也是衡量其收藏价值的重要指标

如何佩戴金丝楠木类手串？佩戴有什么意义？

金丝楠木稀有，金丝楠乌木则更加少见，尤其是可制作成家具的整料。同许多楠木类家具一样，金丝楠木家具会散发出浓郁的木质清香，醒脑提神。不过雅珠经过长时间的佩戴和把玩后，木质清香会相对转淡，并没有那么突出。喜欢金丝楠木雅珠的玩家除了仰慕其木文化外，都是因为其外观颜色的精美，尤其是那种深邃、古朴并泛着荧光的好料。佩戴金丝楠木雅珠也会一种彰显自我独特品位的方式。看似低沉的色调中展现出名贵木材中独有的、宝石一般的光泽是其佩戴、装饰的最大意义。

各种尺寸的阴沉金丝楠木雅珠

四、关于名木类雅珠的补充

名贵木材很多,除了上述讲述的三种外,还有大叶紫檀、大红酸枝、红豆杉,以及再低一等级的白酸枝、草花梨、紫光檀、鸡翅木等等。但是这些市面上的名贵木材多数是作为家具材料而使用的,能够通过其文化价值,赏玩价值在文玩市场上成为一种雅珠同时还能具备一定收藏价值的,唯有以上三种而已。

其实在文玩市场各类木质的手串很多,除了上述说的名木外,各种类别的诸如玫瑰木、巴西花梨木、铁刀梨、"花棋楠"、"紫檀柳"等的杂木(引号中为市场俗称),也具备了一定的市场,也有玩家的追捧。本书之所以并未就这些木品手串进行解析,除了这些木质本身的价值并不是特别突出外,最主要的是其文化价值无甚可书,更加没有作为文玩项目中该有的"说道"和"讲究"。因此本书对这些珠子的分类、鉴别就暂且不表,留待以后如有名木手串专类书籍时再谈。

最后关于木质手串的保养和购买,玩家朋友应该注意以下两点:

把玩的方法。木质手串不喜油,把玩时最好用干手盘玩,并时常用干净的棉布搓揉,保持其表面无垢,如果手容易出汗的人,不要直接上手把玩,手中的汗渍、油渍很容易污染木质,堵塞毛孔,最后导致木头手串变黑变污。用干手或棉布把玩后可以增强手串表面的光泽,令手串更加夺目。

同料的选择。购买名木雅珠手串时要注意,所选择手串每一颗珠子最好出自于同一棵木头原料,这样可以保证手串的整体风格一致,并且同料的珠子更具有收藏价值。

把玩后的小叶紫檀珠子,表面有一层宝石般的光泽

▶ 小叶檀珠子上的"金星"

随手保养菩提子

菩提

什么是菩提子?

"菩提"是印度佛教东渡传入中国之后的译名,意指为"了却尘世三千烦恼从而领悟的无上智慧"。关于"菩提"的解释和诸多说法,以及文玩菩提子的文化、历史,我在《文玩菩提子收藏和鉴赏》中有详细的提及,本书只谈菩提子雅珠的种类和把玩收藏。

文玩菩提子有很多种类,虽然被称为菩提子,却并非真有一种菩提树的种子。所谓菩提树,是印度一种高大的桑科榕属植物,由于在佛教文化中有着诸多的渊源,因此将这种树俗称为菩提树。既然有树,自然有籽,但菩提子亦非这种树上的种子,菩提子种类丰富,包含了各类植物的种子、根茎、果壳。人们将这些种子、根茎、果壳打磨制成珠子串成串珠,用于把玩、盘捻甚至修持时,便可称其为文玩菩提子。所以我们一般称呼"菩提子"而非"菩提籽"。

文玩菩提子

佩戴文玩菩提子的讲究很多,包含了各类文玩菩提子的意义以及不同数目串珠的穿法。首先先说数目,数目不同,串珠所代表的意义也不同。由于菩提子本身的佛教韵味比较大,在此也整理了佛教中与菩提子相关的珠串数目的计算意义。

1. 一千零八十颗

这是目前可查的最大数量的串珠数,一千零八十颗串珠暗合了"前

六后四"共十界间的一千零八十种烦恼,其中每界为一百零八种烦恼。这种串珠更多地出现在法事大会或其他的重要场合之上,往往由一些德高望重的高僧、大德、上人所配,平日里很难得见。

2. 一百零八颗

相对而言,这种数目的串珠颗数较为普遍,大家在很多佛珠上都可以见到,暗指消除一百零八种烦恼,见证一百零八种三昧,求得身心安定,化作无欲无求的姿态,是很多修佛者佩戴文玩菩提子所选择的数目。另外,一百零八也是道家文化中天罡地煞的数目总和,佩戴亦有护身之意。

3. 五十四颗

此串珠数源于菩萨修行中所需感悟的五十四处阶位,即"十信"、"十住"、"十行"、"十地"、"十回向"和"四善根"。

4. 四十二颗

此数目和五十四颗有异曲同工之妙,同样也说的是菩萨修行中所要感悟的阶位数目,只不过用"等觉"、"妙绝"两颗串珠代替了"十信"、"四善根",会同"十住"、"十行"、"十地"、"十回向"共成四十二颗串珠。

5. 三十六颗

三十六颗是一百零八颗的精简版本,主要是为了便于人们的随身携带,另外也传达了以小见大、化繁为简的奥妙哲理。

6. 二十七颗

每一颗串珠代表一位佛学圣者,合计为佛家二十七圣贤,源于小乘派系中四向四果之论。

7. 二十一颗

覆盖了菩萨修行自大涅槃到成佛所经的二十一处阶位,即"十地"、"十菠萝蜜"和"佛果"。

8. 十八颗

这一数目现在比较常见,很多串珠都以此为准,民间也有"十八子"

的说法，数目吉祥而且也便于携带，故而颇为常见。从佛学的角度上说，其指的是佛家的十八罗汉亦或是佛祖的十八种变化。

9. 十四颗

同十八颗一样，这一数目也很常见，尤其是现在很多青年人极其青睐这一种串珠，借用了其"十四忍"的寓意。不过，也有研究者认为其代表的是佛家所说的"十四无畏"，体现的是劝诫修行的理念。

10. 十二颗

在佛学中，常有"十二因缘"或是"二六之缘"一说，世间之事多为因缘而生，又为因缘而去，而这十二颗串珠就表征了这"十二缘起"。

11. 六颗

分别代表了耳、鼻、舌、眼、身、意这"六根六情"，指代的是人的六种感官六种感知。

12. 三颗

代表是"佛"、"法"、"僧"这三宝，多为虔诚的佛教信徒所持有。

13. 一颗

一般来说，一颗珠往往比较贵重，具有很高的物质价值和艺术审美品位，可以贴身携带或是悬挂在家中，表达了人们祈求平安幸福的美好愿望。

文玩菩提子十八子手串

一、凤眼、龙眼、麒麟眼、幸运星

凤眼菩提子

在诸多的文玩菩提子中，凤眼菩提子可谓是最享有盛名的

什么是凤眼菩提子？

凤眼菩提子是一种产自热带、亚热带高海拔地区的植物果实的果核，主要分布在印度、尼泊尔等国家。

凤眼菩提子新核颜色为淡黄色，在长时间的用手盘捻、把玩之后颜色逐渐由浅至深，直至出现赤、棕、黑色。凤眼菩提子质地坚硬，把玩之后籽身外壳手感会变得柔润富有光泽，有着犹如珐琅般的质地。

把玩后的凤眼菩提子

凤眼菩提子有什么意义？

凤眼菩提子在众多菩提子中有着很高的地位，尤其体现在其宗教价值上。近代对汉地佛教影响很大的一位藏密祖师诺那活佛就曾开示："最好有一串凤眼菩提子念珠，修一切法均可通用，功德最大"。

格鲁派祈竹仁波切也曾开示："佛陀是在菩提树下成道的，菩提珠本身的坚硬特质又有吉祥的表义，所以菩提珠适合作任何法门的修持"。（凤眼菩提子佛珠由于是藏传佛教极为推崇的佛珠品类之一，故在藏传佛教中说言"菩提子佛珠"即是特指凤眼菩提子佛珠。）

金安一居士所著《密宗辑要》一文也说："修一切法均可用凤眼菩提子珠。"

汉传佛教中，也不乏凤眼菩提子的青睐者。净土宗大德黄念祖居士尤为偏爱修持凤眼菩提子念珠，他生前所修持的那串凤眼念珠在他往生之后即化为了念珠舍利。索达吉堪布著作《密宗虹身成就略记》记载："黄念祖老居士于1992年3月27日凌晨示疾一笑往生，去世后十二天火化，抬遗体时遗体柔软，并感到明显变轻，手指都能活动，时而发出奇香。火化后，老人随身带去的凤眼菩提念珠经历大火而不坏，遗骨洁白如玉，并从骨灰中先后拾得五色舍利三百余粒。"

如何鉴别、玩赏凤眼菩提子？

凤眼菩提子黄褐色的外观虽显得较为朴素，但是更具内敛的气质。而珠体表面犹如凤凰眼睛般的芽眼，则有点睛之妙处，显得尤为高贵神秘。仿佛每一粒珠

凤眼菩提子单籽

上都有一颗美丽优雅的眼睛，让每一个烦恼都化成智慧的清气，赋予修持者深思与觉悟。

在挑选凤眼菩提子时主要看以下几个方面：一般来说，凤眼菩提子的形态越浑圆、色泽越光亮、纹理越清晰，同时珠体上的凤眼突出且位于珠体正中的，就越是精品。名贵的凤眼菩提子经过精心、细腻的盘玩之后，其颜色会由浅变深，从而更加凸显其古朴、典雅的气质。

尼泊尔所产的凤眼菩提子是凤眼菩提子中的精品。在和其他产区的凤眼菩提子比较时，无论在皮色、密度还是盘玩后产生的效果上都有着极大的差别。真正的尼泊尔凤眼菩提子产自尼泊尔北部山区六千米海拔以上，由于那里得天独厚的地理条件，因此无论将树种嫁接到任何其他地区，都无法产出相同的品质。

尼泊尔凤眼菩提子与其他凤眼菩提子的区别首先体现在树籽的皮质上：尼泊尔产的凤眼菩提子在盘捻之后能成为深枣红色，而国产的、印度的凤眼在盘玩后大多会发乌，这是因为地理环境不同，核籽中的油脂含量、品质不同。

一般加工凤眼原籽的工艺是采用酥油浸泡的，这是尼泊尔传统的制作工艺，但是由于酥油价格成本较高，现在有时也会使用清水来浸泡，不过这两种工艺制作出来的成品肯定大有不同，购买时必须小心区分。

一般的尼泊尔凤眼尺寸都在 12～16mm 之间，过小或过大的数量极为稀少。由此也成了商家的炒作对象。在购买时必须注意：大多数尺寸特殊的并不是尼泊尔菩提子或者是经过特殊加工处理的。

文玩市场中常见的文玩凤眼菩提子

龙眼菩提子

什么是龙眼菩提子?

龙眼菩提子和凤眼菩提子在外表的诸多特征上(外观、大小、质感、密度等)均很相似,最大的区别在于龙眼菩提子每一粒珠体上并没有"凤目"形状的芽眼,取而代之的是一种形似三角状的芽眼。因其三角的形状类似于龙的眼睛,故被称为龙眼菩提子。

有人认为龙眼菩提子和凤眼菩提子是两种相同的果核,其实不然,龙眼菩提子分为山地龙眼菩提子和木瓜龙眼菩提子两种:山地龙眼菩提子主产自印度,其表面除了芽眼与凤眼菩提子不同外,山地龙眼菩提子的表面还比凤眼菩提子多了许多类似于虫眼的小洞;而木瓜龙眼菩提子则属于凤眼菩提子的一个变种,于凤眼菩提子的区别就在于芽眼的不同,木瓜龙眼菩提子主产自尼泊尔,表面纹理质感和凤眼菩提子十分接近。

山地龙眼菩提子

木瓜龙眼菩提子

佩戴龙眼菩提子有什么意义?

由于龙在佛教中具有特殊的意义,是守护佛法的护法之一,具有呼风唤雨的能力。(在佛语中:"龙象"一词可用来比喻佛教中菩萨的法力无边的威仪,"龙应"指的是观音菩萨三应之一。)所以龙眼菩提子也代表着威严的法相,蕴含了镇邪增慧,邪不胜正的大修为。

龙眼菩提,尤其是产自印度的山地龙眼菩提子,在佛教中是极为罕见的圣物,是佛法修行中修练者必备物品。

什么是麒麟眼菩提子？

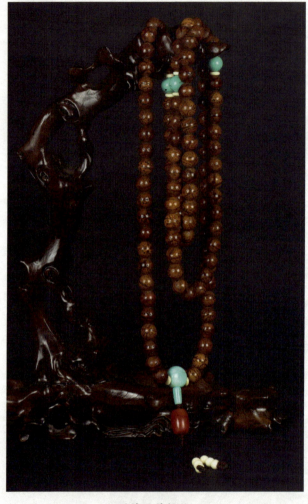

麒麟眼菩提子

麒麟眼菩提子和凤眼菩提子、龙眼菩提子在外表的诸多特征上（外观、大小、质感、密度等）亦很相似，主要区别在每颗珠子上芽眼的形状，麒麟眼菩提子的芽眼是四角形的。

同龙眼菩提子相似，麒麟眼菩提子也可分为山地麒麟眼菩提子和木瓜麒麟眼菩提子。山地麒麟眼菩提子主产自印度，其表面和山地龙眼菩提子一样有大量类似于虫眼的孔洞；木瓜麒麟眼菩提子则和木瓜龙眼菩提子一样属于凤眼菩提子的一个变种，三者的唯一区别在于芽眼的形状，表皮并无太大区别。木瓜麒麟眼菩提子主产自尼泊尔。

麒麟眼菩提子形状特殊，呈现扁圆形如鼓鼓的柿饼，加上中间的方眼，如同一个个铜钱一般。麒麟眼菩提子的命名是从龙眼菩提子而来的，麒麟同龙、凤一样属"四灵"之一，它代表了祥瑞和智慧，同时还被用于比喻人才。麒麟眼菩提子比龙眼菩提子更加难得，修持麒麟眼菩提子代表着非同寻常的才识和智慧。

木瓜麒麟眼菩提子

山地麒麟眼菩提子

什么是幸运星菩提子？

幸运星菩提子是麒麟眼菩提子的一个变种，它得名于其表面五角星形状的芽眼。幸运星菩提子样式独特，代表着幸运和吉祥。

根据芽眼形状的边数，凤眼菩提子还存在着六角星、七角星形状芽眼的变种。六角星菩提子还被玩家称为"六道轮回"。

幸运星菩提子

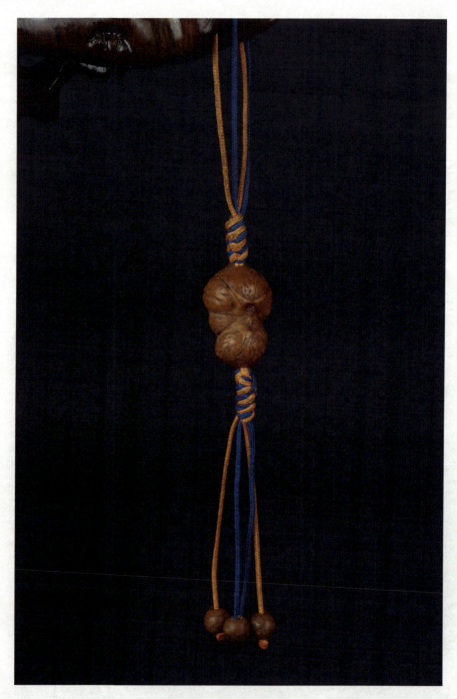

变种的"七星"文玩菩提子

二、星月菩提子、金蟾子、摩尼子、红元宝

星月菩提子

星月菩提子是当前玩家最为广泛、影响力最大的菩提子串珠之一,与凤眼菩提子、金刚菩提子、金线菩提子并称为"当世四大名珠"

星月菩提子从何而来?

星月菩提子是由一种棕榈科黄藤属植物的种子加工而成的,这种科属的植物分布较为广泛,主要集中在亚热带地区,从中南半岛到马来群岛均有分布,像我国也有栽培。由于分布较广,因此星月菩提子有多种分支，目前文玩市场中的星月菩提子原籽主要产自印度和尼泊尔地区。

如何佩戴赏玩星月菩提子？

星月菩提子的得名源自其与众不同的外形特征和纹理结构，单珠质地坚硬，颜色呈现出不规则的乳黄色或灰色，每颗串珠中央常有满月形状的深凹纹理，周围环绕着黑色的小斑点，初见有着"月淡星密"的感觉，细看又有"繁星托月"的美感。星月菩提串珠经过一段时间的把玩之后，颜色会发生明显的变化，由淡变深甚至转为玛瑙绿色，光泽度和油润度会越来越强，表面呈现半透明状的质感。佛教经典对星月菩提子异常推崇，认为它具有修身养性之功效，并鼓励信徒念诵佛号之时手持星月菩提，以添吉祥如意的无上福祉。

星月菩提子有"正月"、"弦月"和"无月"之分。"正月"指的是代表月亮的月状纹理处于整颗珠子的中间位置，有端端正正之感。"弦月"指的是月状纹理处于珠子的偏上或偏下的位置。"无月"指的是珠子只有星状的黑点而没有月状纹理。

对星月菩提子的优劣高低判断主要看三点："星"的密度，"月"的位置和皮壳的"瓷性"。一般而言。星月菩提子表面"星"密度越高则品质越佳，"正月"的星月菩提子要优于"弦月"，皮壳带有瓷器清脆感的"瓷性"越强则越优。

老包浆星月菩提子

第三章
佛珠手串辨赏

文玩配饰星月"颗颗正"药片珠

星月菩提子的尺寸一般从直径 7 ~ 12mm 之间,不在区间范围内的数量较为稀少。星月菩提子通过把玩揉捻会形成漂亮的包浆,其包浆一般呈偏绿色,也有呈现红色光泽的。如今我们经常会在文玩市场上看到皮壳呈现片状绿色斑的星月菩提子，玩家或商家通常称其为"阴皮"，"阴皮"的星月菩提主要是因为其原籽在生长过程中出现病变而导致的油脂分布不均。漂亮的"阴皮"星月菩提同样受到玩家的追捧。

阴皮星月菩提子

第三章
佛珠手串辨赏

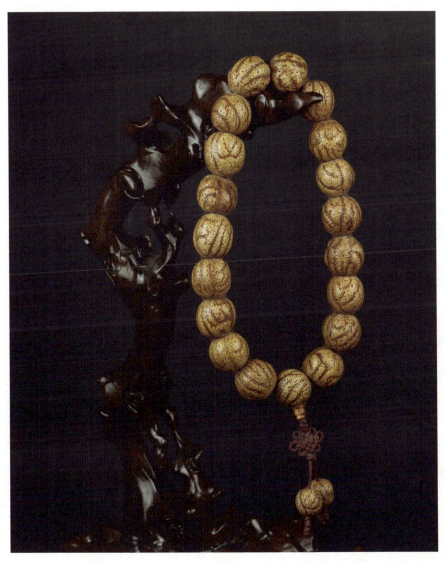

摩尼子

什么是摩尼子？

摩尼子属于星月菩提子的分支之一，一般比星月菩提子略大些。摩尼子珠串表面的纹路比星月菩提子更加精巧别致，除去星月菩提子的星状孔洞外，更有多道沟壑，如同星云相接，被玩家冠以"宝珠"之名。

金蟾子

什么是金蝉子？

金蟾子也是星月菩提子的分支之一，是一种相对比较普遍的文玩菩提子，原料来自我国海南、云南及东南亚地区的黄藤属植物的果实。其原籽在经过清洗、晾晒等一系列工序之后，色泽呈现出金黄色，外貌形似一只只小小的蟾蜍，因而得名金蝉子。

金蝉子被认为具有驱秽辟邪之功力，适合随身佩戴，修持把玩。品质较好的野生金蟾子菩提也是非常珍贵的一种文玩菩提子。

第三章
佛珠手串辨赏

元宝菩提子

什么是元宝菩提子？

元宝菩提子是星月菩提子的众多分支之一，也是文玩市场上比较常见的一种菩提子。其表面纹理和星月菩提子非常相似，在未经过加工之前，每一粒看起来都如同一个小小的元宝，故而得名。其外形典雅别致，把玩后可增色不少。

三、莲花菩提、金刚菩提

什么是莲花菩提子？

莲花菩提子为一种稀有草本植物的种子，多生长于雪山，主产自印度及尼泊尔，其果实可食用。莲花菩提子形似莲花，呈圆锥形，有深褐色、白色两种，其质地坚硬，内籽外有一层质地凹凸不平的包齿，包齿外层布满了坚硬的凸蕨，拂拭之下略感摩挲。莲花菩提子在精心的保养和把玩之后会形成一层红润的包浆，极富古典的韵味和神秘的美感。

莲花菩提子

莲花菩提子在价格相对较为亲民的文玩菩提市场中属于高价品，尤其是近些年价格上升很快。一般来说，为了使莲花菩提子达到意想中的效果，制作者在加工的时候，多会选择那些体积较大、边缘平滑、外表相对圆润的莲花菩提原籽作为原料以制作串珠，所以仅在选材这一关就非常严格，籽料的淘汰率是非常高的。再加上这种材料十分稀少，所以一串好的莲花菩提子是十分难得的。

佩戴莲花菩提子有什么说法？

莲花菩提子有着非常深远的文化内涵。"出淤泥而不染"的文化释义

一直与各色莲花相关联，佛教中更有"花开见佛"一说，都展现出莲花菩提所特有的超凡脱俗的大智慧。此外，莲花常居于水中，有清凉平静的圣洁雅致，故而又为莲花菩提增加了安神定性、静心致远的象征含义。

莲花菩提子，代表至高无上的尊荣、清新、和平、福慧双全、一切圆满之意。具有吉祥、尊贵、圆满、财富增长的表徵。修持莲花菩提子，有着觉悟正道、消除灾难、慈悲为怀之意。莲花菩提随身，可使人心安气定，常保清净。

挑选莲花菩提子，一般讲究满包，满齿。不仅因为其稀少高贵，更有功德圆满之意。

莲花菩提子散珠

什么是金刚菩提子？

金刚菩提子是一种大型常绿阔叶植物的树籽，这种属杜英科的植物一般生在海拔2000m以上的高原地带，主要集中在热带、亚热带地区。现市面常见的文玩金刚菩提子一般是来自印度和尼泊尔地区。

"金刚"一词在印度教中代表着强大的、具有毁灭性的力量。金刚菩提子因坚硬的质地，大而精巧的外形得名，其因不同的瓣数又赋予更加深远的象征意义，所以被佛家认为是无坚不摧、金刚不坏的象征。即使现在密宗在修炼金刚部时也要求修持金刚菩提串珠作为辅助之用。

金刚菩提子

金刚菩提子除了按照其大小尺寸区分外，通常根据其不同的瓣数来区分。金刚菩提子每颗珠体上都有道数不同的深沟，将珠体划分成几个不同的小瓣，不同数量的瓣被冠名在金刚前，于是便有了"一瓣"金刚、"二瓣"金刚等不同的说法。不同瓣数的金刚也被赋予了不同的寓意。据说金刚的瓣数可达二十多瓣，但是十分少见，文玩市场上大多数超过十二瓣的金刚为人工制作。

金刚的不同"瓣数"为把玩金刚增添了不少乐趣。很多收藏者根据自己对金刚菩提外形的认知和感受对其进行点评，衍生出了很多形象却又不失风雅的趣名，像是"两瓣佛心金刚菩提"、"三瓣长寿金刚菩提"、"四瓣小方块金刚菩提"等。

金刚菩提子代表了力量，修持金刚菩提子有着提升能量之意义。金刚菩提子爱好者们也为不同"瓣数"的金刚赋予了不同的美好祈愿。

一瓣：带走罪恶，给家庭增添财富，满足渴望，远离危险，带来好习惯。

二瓣：保佑孩子，减轻压力。

三瓣：有益于教育，带来知识和创意。

四瓣：保护你不受疾病的困扰，帮你避开天灾。

五瓣：保佑健康长寿，带来内心宁静。

六瓣：有助生意，增加钱财。

七瓣：有助成功，增加你的金钱和声望，保佑立足于不败之地。

八瓣：控制脾气，带给平和的气息，给予力量。

九瓣：带来自信，提升财富和知识。

十瓣：带来名声，得到尊重。

十一瓣：解除痛苦和忧伤，带来快乐。

十二瓣：减轻身体上和精神上的压力和意外。

四、太阳菩提、月亮菩提

太阳菩提子

什么是太阳菩提子?

太阳子,为热带产的一种红褐色坚硬果实,每粒上都有一个小白点,看起来如同旭日中天一般,加之本身的红褐色如同太阳之火,故名为太阳菩提子。佛教称太阳神为日神,佛教密宗的主尊为大日如来,他随缘化现于世,破诸黑暗,开悟菩提心,光照众生。因此太阳菩提子可驱邪消灾,带给人以吉祥、安康。用以做佛珠或单粒佩饰,既有助修行,又美观大方,增加气质。

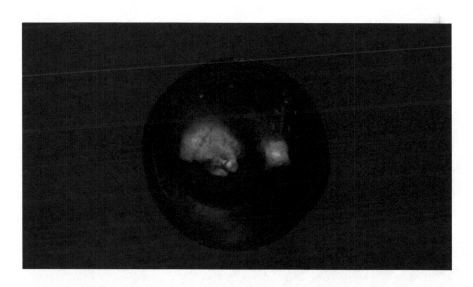

太阳子菩提子细节图

太阳菩提子在没有把玩以前已显油亮,手感也已光滑柔润,因此也较适合初玩者。但把玩太阳菩提子,皮壳的包浆及变化不如其他菩提那么明显,因此不推荐喜欢感受把玩变化的玩家选择太阳菩提子。

太阳菩提子文玩手串

什么是月亮菩提子？

  月亮子，同太阳子一样，为热带产的一种深灰色坚硬果实。每一粒上都有一浅褐色圆点，如月挂天空，加之本身的灰白色像清凉明润的月光，故名月亮菩提子。月亮菩提子的气质是阴柔的，象征着团圆、吉祥和安康。

月亮菩提子

表面布有裂纹的月亮菩提子细节图

下面谈谈关于月亮菩提子的养护和把玩。月亮菩提子是一种外壳较为脆质的菩提子，极其容易形成裂纹，对月亮菩提子的把玩可以令其表面更富有光泽，质感更柔润，光感更韵和，但是很难阻止其外壳的开片式裂纹。

其实玩家不用太在意月亮菩提子的裂纹，这种如同青瓷开片的裂痕感可以增加月亮菩提子的纹理感，令其更富有年代感，增加了菩提子的韵味。

太阳菩提子与月亮菩提子对比图

同时把玩太阳菩提子和月亮菩提子具有阴阳调和、兼修之意。两者外形也相当和谐，给人以两极融合之美感，故而许多玩家喜欢将两者搭配把玩。

五、菩提根

什么是菩提根？

菩提根，也称白根，它并非是菩提树之根，而是一种棕榈科植物的种子，这种植物叫做贝叶棕。贝叶棕原产于亚热带，是一种常绿乔木。贝叶棕树体一般可达20m以上，树叶宽大、坚实、柔韧。东南亚国家曾有在贝叶棕叶子上记载文字的历史。印度教在贝叶棕叶子篆刻经文，称之为"贝叶经"，可保存数百年而不腐不烂。贝叶棕多栽培于寺庙前，为小乘佛教之礼仪树种。

第三章 佛珠手串辨赏

白根菩提子

花根　　　　　　　　　　　　　白根原籽

在我国的西双版纳地区，傣族人民将贝叶棕视为自己文化发展的象征，认为唯有心诚的佛教徒才能种活。

贝叶棕大约40年开花一次，一生只开一次花，然后结果，果熟后即整株死去，是一种"一次性花果植物"。

关于贝叶棕，还有一个有趣的传说：在古时，汉族、傣族、哈尼族的祖先们一同去西天取经，在回来的路上经过一条大河，他们所乘坐的船翻了，于是只好上岸晾晒经书。汉族的经文写在了纸上，晒干后的文字就像是鸡脚印，所以现在的汉字就像鸡脚印；哈尼族的经文写在牛皮上，后来为了充饥就烤着吃了，所以直到现在哈尼族还没有文字；只有傣族最聪明，他们把经文写在贝叶棕的叶子上，晒干后字迹清晰依旧，文字就得以原样而完整地保存并流传至今了。

留皮的文玩白根菩提子手串

把玩后的白根菩提子手串

随着菩提子文化的盛行，贝叶棕这种有着文化历史的植物种子被采集加工后制作成了一种把玩菩提子，并被称为菩提根（根据贝叶棕的佛教渊源，菩提根的命名亦有"根源"之意）。菩提根根据其不同的颜色、皮质，有被称为"白根"，也有被称为"花根"。

经过染色后的白根菩提子

未经加工的菩提根外表和普通的植物树籽并无多大区别。树籽外壳有一层薄脆的外壳，并带有树根须般的纹理。剥开这层纹理后，便呈现出棕红色，并有深浅不同的花纹。再经过打磨后，呈现的就是其内部纯乳白色的颜色和光滑圆润的质地了，也即是"白根"。人们往往在这种乳白色的外观上再做上各种不同的颜色。

菩提根原籽（左）、花根（中）、白根（右）（白根打磨之前的形态被称为花根）

佩戴白根菩提子有什么寓意？

贝叶棕数十年开花，数十年结果，一现即逝。作为其种子的菩提根，修持者修行的是一种静心之态，有厚积而薄发之意。

无论是菩提根还是它的原籽都可以制成文玩手串

六、金线菩提子、银线菩提子

什么是金线菩提子？

金线菩提子和星月菩提子同为"当世四大名珠"之一。金线菩提子既有着不亚于莲花菩提子串珠的名贵和奢华，同时也更有欣赏和审美的价值。金线菩提籽料原产地多为南亚的印度和尼泊尔地区，在热带或亚热带气候的作用下，形成了质地坚硬、颜色洁净、外观清爽的特点，主体大小不一、形状各异。

顾名思义，金线菩提的外表上常常可见多条红褐色的纹理线，或粗或细，或杂乱或有序，更增添了几分神秘的美感。

在制作时,往往也就根据串珠的纹线、形状以及打磨工艺对其进行分类,像是"半金线菩提串珠"、"小金线菩提串珠"、"大金线菩提串珠"、"元宝金线菩提串珠"、"长寿金线菩提串珠"等。

如何保养金线菩提子?

关于金线菩提子的保养,也很有一些门道可言。金线菩提串珠经过长期的把盘之后,珠相会更加的完满,色泽也会异常明亮,收藏价值会更上一个台阶。但是盘玩的难度比较大,新玩家在初次接触金线菩提串珠时可以选择更加容易盘玩的大金线菩提串珠,之后可循序渐进、逐步提高,这样会更好地领略金线菩提串珠的妙处所在。

大金线菩提子

小金线菩提子

半金线菩提子

大金线菩提子

小金线菩提子

第三章 佛珠手串辨赏

金线菩提子有哪些种类?

金线菩提子有大金线菩提子、半金线菩提子、小金线菩提子之分。小金线菩提子籽身上的线条较为细腻,密度较高;大金线菩提子籽身上的线条较为粗犷,密度较低;半金线菩提子一般为大金线菩提子的一半。

文玩大金线菩提子108念珠

什么是银线菩提子？

银线菩提子是不逊于金线菩提子的名贵把玩菩提子，它的外形和金线菩提子非常相似，初级玩家一般很难区分。两者的主要区别在于：在没把玩之前，银线菩提子除子身上的线条外，其底色偏黄泛灰色；金线菩提子除子身上的线条外，底色一般呈白色。

与金线菩提子一样，银线菩提子在把玩之后也会出现油润金黄的色泽，非常美观。

在把玩或修持银线菩提子时，一般应选择制式比较细小的珠体。银线菩提子和金线菩提子一样，表面较为光滑，手感较温润。在选择时，最好挑选工艺较完满的珠子，材质上也应选择线条明显清晰且密度较高者。

文玩银线菩提子

七、菩提子的养护

关于养护，我们请回来的菩提子串珠无论新旧、廉贵、大小，都需要加以净化，通过必要的清洗扫尽附着在串珠上的污垢，最终将其演化成为结善缘的修行宝器。从另外一个角度来说，菩提子串珠经历了制作、加工、运输、销售等多个流通环节，等真的到了我们收藏者的手上也已经是污迹斑斑了，此时自己认真地进行一次清洗和保洁工作，从卫生的角度来看也是非常必要的。

一般来说，菩提子串珠的清洗还是比较简单的，并不需要太强的技术手段或是太复杂的辅助工具，只要大家细心认真都可以取得很好的效果。一般来说，清洗菩提子串珠的工具很简单，只需要几块干净柔软的毛巾、一两把尺寸大小不同的小刷子、数根粗细不同的钢针、一个小洗手盆和一壶热水就可以了。有条件的朋友可以购买一些质量好的专门用具，如果要求不高的话完全可以就地取材，像是家里的洗漱毛巾、一次性牙刷甚至缝衣服针都是可以拿来一用的。

清理之前，我们先要对菩提子串珠进行一个大致的打量，想一想到底要做哪些清洁工作，把一、二、三的步骤想好，有一个大体的构思，免得到时候手忙脚乱的不知道如何安排。忙乱不仅会影响清洁的效果，而且一旦不慎还有可能会损伤菩提子串珠，这就得不偿失了。

清洁的时候，通常都是首先从珠体表面下手。但千万不可以直接把菩提子串珠放置进水中，这会使得串珠褪色、开裂而且也会严重影响后面盘玩的效果。建议在洗手盆里倒满温热水，然后将事前准备好的毛巾置入水中，浸湿后再全部取出拧干，千万不要带水汽，之后再利用毛巾的温度和表面的摩擦力来清理菩提子串珠表面的污垢。串珠被毛巾擦拭之后，还可以用干纸巾再进行一次擦拭，这样就更加保险一些。要求更高的朋友可以去购买几双白色的棉质手套，这样用来擦拭串珠会更加的方便，但是要更小心双手的力度。

　　有的时候，串珠污染比较重，单纯指望着用毛巾干擦已经解决不了问题了，这个时候我们就可以用事先准备好的小毛刷子，家里如果有橄榄油或者婴儿油就可以拿来做涂抹的清洁剂，有条件的朋友还可以选择甘油或是硅油这样更专业的试剂，当然效果差别也并不太多，不过白醋或者是酒精是绝对不可以拿来用的。在擦拭的时候，先用小毛刷子蘸取少量的精油，然后再以同向顺序在串珠表面擦拭，手指轻轻拨动串珠，保证串珠表面全部都能打扫干净。如果是污垢比较重，一次擦拭不成，可以按照顺时针的顺序进行多次擦拭直到清除为止。千万不要觉得说这次擦不掉，那就加大点力度，这样很容易在不经意间伤害串珠表面的纹理。我们的动作应该柔和，轻松自在的感觉就像我们用鸡毛掸子扫花瓶一样。比较适宜上油的串珠当数金刚菩提子串珠和天意菩提子串珠，用软毛刷配合少量的成品油淡淡的刷上一层，不仅能够清理污垢，还能够起到盘玩的效果。但是刷完之后，不能够立刻就佩戴在身上，因为涂抹形成的油层和身体皮肤接触之后，很有可能形成珠体表层的色渍，也就是我们常说的"盘花"了。最好刷完油之后，放在通风干净的地方，使其自然阴干。

　　还有玩家觉得说，既然沾了一点点油没清扫干净，那就多蘸点油，可能效果会更好，这也是一个完全错误的想法。菩提子串珠的表面多为凹凸不平，有很多缝隙和沟岬，毛刷上的油量太重就容易积塞在这些地方，形成极难以清理的油脂层，时间一久就会变成深色的污点，极大地影响串珠的美观。

　　如果不小心在表面的缝隙和纹理之间积攒了大量的污垢，又是毛刷够不着或者是用不上力的地方，可以选择用钢针来剔除。这个工作比较繁琐且容易产生急躁情绪，而且很容易造成肌肉疲劳，两者共同起作用就会影响大家手腕的感觉，甚至会在串珠上造成划痕。所以大家最好不

要一次性清理多个串珠,量力而行,张弛有度,效果会更好。

还有的玩家反映说菩提子串珠的绳线容易断裂,这可能和绳线的材质以及制作手法有一定关系。比如说选用了耐久力相对较差的棉线、丝线,而且又采用了独股或者双股的方式,这相比较尼龙线甚至皮绳做绳线,在结实上就差得多了。还有一种可能就是串珠的制作工艺过于粗糙,师傅在打孔的时候没有做得很精细,再加上大多数菩提子串珠的材质很坚硬,所以孔道口的毛刺较多而且特别厉害,很容易就把绳线磨断了。所以玩家不妨关注一下这些小细节,如果问题不严重可以找几张细砂纸打磨一下,如果比较麻烦的话就需要借助压花柄什锦锉仔细认真地修理一下孔道了。

一定要注意的是清理完之后的菩提子串珠不可以立刻就贴身佩戴,一方面很有可能会造成干性皮肤的朋友皮肤过敏,这是经常能够听闻的一个小事故;另一方面,我们的皮肤上有汗水和油脂,和串珠接触之后无形中就会产生盘玩的效果,但是这个过程又不是我们有意而为之的,所以就有可能造成某些籽料浸汗过度发黑发紫、某些籽料还完好如初,等到我们真的来盘玩的时候,面临着一堆乱七八糟、成色不一的籽料往往就很难合理的下手了。

在清洗完菩提子串珠之后,就可以进行盘玩了。菩提子串珠作为一款精细的文玩,其品质和籽料的选材息息相关,其品相就和用心的盘持密不可分了,但是要想保证菩提子串珠品质如一、永葆光泽那就绝对离不开精心的呵护和保养。菩提子串珠在保养中主要有三大忌,也就是忌水、忌干和忌污染。

水对菩提子串珠的伤害是异常巨大的,可能是不经意间沾惹的少量水渍就有可能造成串珠表面脱皮、掉色、肿胀甚至爆裂的悲剧,所以菩提子串珠在保养中首要就是忌水。平时不要将串珠随意放置,一定要留心周围的水源。如果不小心接触了水,最好立刻用柔软的毛巾擦干,随后再放置于避风处将其阴干。不过也要注意阴干菩提子串珠的环境，一般来说高温暴晒、低温寒冷抑或是温差变化极大的情况都有可能造成菩提子串珠内里结构产生变化，在热胀冷缩的反复作用下产生更为严重的开裂后果。

另外，干燥也会给菩提子串珠带来一定的伤害，尤其是盘玩之后的菩提子串珠一时用不上，如果保存不当就会面临风干开裂的问题。所以在保养的时候，一定要选择密封袋或者是密封盒。有时候，把玩者的皮肤干燥，在冬天的时候不出油，即使在身体上多次磨蹭依然解决不了串珠表面干涩的状况，这个时候可以少量的在自己的手上滴上几滴橄榄油或是甘油，然后再用手进行盘玩。但是要注意油量不可以太多，以免造成油脂层污点，大家可以多用手转动拿捏一会儿，保证串珠表面受油的平均。总的来说，夏天更适合盘玩菩提子串珠，因为大家身上出油会更多一些，身上的汗液和油脂也会更多。

菩提子串珠在入手初期清洁完之后，并不是就不会再受到污垢的侵袭了，实际上脏污对菩提子串珠的威胁还是很大的。所以大家在日常保管中，要注意防污防尘，选取一些密封性好的容器。而且相对于密封袋来说，这些高品质的容器也可以防止外力对菩提子串珠的硬性伤害，万一不慎坠落到地面或是和硬物产生碰撞，容器都可以产生一定的缓冲效果，防止菩提子串珠的外形遭到损伤。要知道菩提子和其他的籽料相比，棱角、曲线以及造型等外形因素对品相的影响会更加突出一些，所以用心的防护也是必要的。

珀蜡

一、琥珀

什么是琥珀？

琥珀是一种世界性的古老宝石。作为一种饰品材料，它有着近六千年的历史。在包含中国在内的许多文明古国的古墓中，都曾出土过用琥珀制成的饰品。传言古罗马的妇女，有将琥珀握在手中的习惯，因为在手心的温度下，琥珀可受热散发出一种淡淡的、优雅的芳香。赋予人高贵的气息。

琥珀珠子

琥珀（Amber）在西方世界有"精髓"和"胶"的意思。代表其为大自然所凝聚的精华。而在中国古代民间，人们称琥珀为"虎珀"、"兽珀"、"江珠"、"遗玉"等，认为这种特殊的自然材质是"虎的魂魄"，是老虎等野兽死后的精魄落地化为石头。由此慢慢得名而成"琥珀"。我们现在知道，琥珀是第三纪松柏科和豆质科植物（距今约200万～7000万

年）的树脂在长期的地质作用下固化演变形成一类复杂的天然有机混合物。琥珀的形成需要极其漫长的演变过程，因此这种物质在这个世界的存量几乎可以被认为是固定的。

如何选择和区别琥珀的种类和产区？

在国家标准中，没有对琥珀进行进一步的分类，但在文玩市场上，人们习惯于根据琥珀的不同色系、质地特点来划分琥珀的品种。一般可分为：金珀（黄色系）、血珀（红色系）、蓝珀（蓝色系）、绿珀（绿色系）、 翳珀（常态下黑色，强光下呈红色）、花珀（多种颜色相间不均匀）、明珀（颜色极淡、清澈透明）、虫珀（珀体内包裹昆虫）等。

（1）金珀：透明，金黄色、明黄色价值较高，属琥珀中的名贵品种。

（2）血珀：透明度好，颜色血红，为琥珀之上品，缅甸是优质血珀的重要产地。

（3）绿珀：浅绿色至绿色透明的琥珀，天然产出的非常稀少，市场上常见的绿琥珀颜色多为人工处理所致。

（4）蓝珀：体色为淡黄色，对光面呈蓝色，尤其在太阳光或明亮的白光下蓝色更为明显，且蓝色会随着光的照射角度的变化而灵活的移动。蓝珀在紫光灯下，通常呈现出很强烈的蓝色荧光。

（5）虫珀：透明度较好，包裹有动物遗体，具完整动物包裹体的琥珀较为罕见，具有较高的收藏和科研价值，十分珍贵。

（6）植物珀：包含有植物（如花、叶、根、茎、种子等）的琥珀。

（7）石珀：色黄而坚润，石化程度较完全，硬度大于其他琥珀。

（8）水胆琥珀：即琥珀内部的气泡中含有水分。可能是由于琥珀形成的初期，还未硬化的树脂遭遇了强烈的暴风雨天气，大颗粒的雨滴撞进了树脂内部，经过亿万年的演变而逐渐形成的。

（9）翳珀：在常光下呈黑色，强光照射或逆光条件下呈深红色。

（10）骨珀：品质较低的一种琥珀，外形与骨质相近，白色中带有一些黄棕色。

颜色较淡，清澈透明的金珀

按照琥珀的生产环境的不同，琥珀也可以分为海珀和矿珀两类。海珀比矿珀颜色要浅一些，一般呈浅黄色至金黄色，且更为纯净，透明度更高，品质较好，其中以波罗的海沿岸国家（如波兰、俄罗斯、立陶宛等）出产的海珀最为著名。矿珀通常产于煤层之间，颜色一般较深，且多带有褐色调，主要产自缅甸及中国部分地区（主要以辽宁抚顺、河南南阳及云南等地为主）。此外，矿珀还有一个较为著名的产区带，是在以多米尼加、墨西哥等国家为主的加勒比海中南美洲国家。

（1）波罗的海：波罗的海地区的俄罗斯、波兰、立陶宛、丹麦、挪威、瑞典等国家是重要的琥珀产区，波罗的海琥珀大约形成于4000万年前的渐新世，在冰河时代沉积于该地区的沉积层里，后经海水的冲刷露出地表，

或被冲至海滨，形成次生矿床。

波罗的海琥珀主要产于波罗的海南岸，颜色通常较浅，一般呈淡黄色、金黄色，透明度较好。

（2）加勒比海：加勒比海地区以多米尼加、墨西哥等中南美洲国家为代表，不仅琥珀储量丰富，且品质优良，一般呈金色至棕黄色。该地区的琥珀大约形成于晚第三纪渐新世至中新世，为原生矿床，分布于高地的沙石之中，开采难度较大，因此价格居高不下。与波罗的海琥珀相比，加勒比海琥珀最具代表性的是蓝珀，尤其是多米尼加和墨西哥的蓝珀，品质较高，颜色和透明度较好，且普遍带有蓝绿色的色调，其中墨西哥蓝珀仅在其东南部的恰帕斯州产出，产量较低，而多米尼加蓝珀色泽更纯正，价格通常也更高昂。墨西哥琥珀也常含有大量植物碎片及化石。

（3）中国：中国是琥珀的重要产地之一，以辽宁抚顺最为著名，其次有河南南阳的西峡和内乡，云南大理的点苍山、腾越、丽江，四川的奉节、忠县，吉林的珲春，湖北的恩施、施南，黑龙江的贝尔湖地区等，另外，在新疆、陕西等地也有少量产出。

辽宁抚顺是全国最有的琥珀产地，也是世界上琥珀的著名产地之一。抚顺琥珀主要产于煤层之中，不仅产量大，而且透明度好，含昆虫等生物的几率较大，因而这里的虫珀十分有名，一般呈褐黄色或棕黄色。抚顺琥珀大约形成于距今5000万年前的始新世，早在两千多年前的汉代就已经有开采抚顺煤矿中琥珀的记载，一般用于收藏、入药、装饰之用。

河南的琥珀主要产自豫西南部，分布于新生代的盆地之中，以南阳地区的西峡和内乡最为有名。据记载，西峡曾发现一块重达5.8kg的紫红色巨型琥珀，透明度较好，且包含着栩栩如生的昆虫，被誉为"琥珀之王"。

（4）缅甸：缅甸琥珀是亚洲琥珀的最重要来源，约形成于1.2亿~6000万年前。该地区琥珀颜色偏暗，主要为暗橘色或棕红色，亦有乳黄与棕黄交杂的颜色，没有波罗的海琥珀的那种明黄色调。缅甸琥珀的结构致密、硬度较大。

（5）其他产区带：加拿大琥珀通常包含有完整的昆虫、蜘蛛、花粉以及早白垩纪植物碎片等，被动植物学家广泛用来研究，具有重要的科学意义。罗马尼亚琥珀通常为棕黄色，成分中含有大量的硫。黎巴嫩琥珀的年龄为距今约 1.3 亿年的早白垩纪，特点是含有大量且品种丰富的昆虫及动植物化石。

透明度好，颜色血红的血珀

如何辨别琥珀的真假？

琥珀本身产量就稀少，但其市场需求很高，在文玩市场中，一种藏品如果出现供不应求，就会很快导致仿冒品的产生。就目前文玩市面上所出售的琥珀多数为仿冒品，其中仿冒的手段主要是：天然树脂仿冒和人工合成树脂仿冒。

天然树脂"仿琥珀"主要指的是使用距今 100 万年左右的柯巴树树脂或现代树脂代替琥珀。人工合成树脂主要指的是经过人工共聚或缩聚反应而生成高分子量的树脂状物质。

除去仿冒的"仿琥珀"外，近年来文玩市场上还出现了各种优化处理的琥珀。主要通过热处理、再造、染色、覆膜等等技术来优化品质较

低的琥珀,从而提升品质高价出售。其中最常见的为热处理琥珀及再造琥珀。

琥珀的优化目前已经被消费者所广泛接受,在文玩市场中被称为"优化琥珀",主要是通过热处理来实现。通过控制氧化还原环境来改善或改变琥珀的颜色,再通过加热去除杂质或气泡来提高其净度,或者通过加热使气液包体炸裂形成盘状裂隙,即"太阳光芒"等具特殊效果的包裹体。

近年来随着技术的进步,出现了一种被称为"再造琥珀"的优化琥珀。主要指在合适的温度及压力条件下,将不能直接用作首饰的琥珀碎块或者碎屑熔融,重新压结,从而形成较大块的琥珀,在压制过程中也可能添加诸如松香之类的其他物质。

文玩市场上的琥珀仿制品及优化处理琥珀品种非常繁多,这给琥珀的鉴定及研究带来了很大的困难。加上琥珀珠子的鉴定不可随意破坏其完整性,更加深了我们对其鉴定的难度。目前对琥珀的判断依据主要在如下几点。

1. 基本特质

琥珀为非晶质体,天然形成的琥珀有着各种不同的外形体徵,如呈结核状、瘤状、水滴状等;还有一些天然琥珀表层会呈现如树木的年轮或放射性的纹理;产在砾石层中的琥珀一般呈圆形、椭圆形,外表有一定磨圆的不规则形。天然琥珀在表面上可能有一层薄的不透明的皮膜。

2. 光学特征

天然琥珀有浅黄到蜜黄色、黄棕色到棕色、浅红棕色、淡红、淡绿褐色、深褐色、橙色、红色和白色,蓝色、浅绿色等,少有淡紫色。

琥珀的光泽一般为透明到微透明、半透明。未加工的原料为树脂光泽,触摸有滑腻感,抛光后呈树脂光泽至近玻璃光泽。

琥珀是均质体,在正交偏光镜(摄影常用)下全消光,常见异常消光,局部因结晶而发亮。

3. 密度和硬度

琥珀是已知宝石中最轻的品种，其密度为 $1.00 \sim 1.10 g/cm^3$，因此纯净的天然琥珀可悬浮在饱和的盐水中（收藏市场中一般采用比例一比四的盐水来测试蜜蜡）。天然琥珀的硬度约为摩氏 $2 \sim 2.5$，质地较软，用小刀可轻易刻划，甚至指甲也可以刻划。

4. 内含物、导电性、导热性、溶解性

天然琥珀原材内含物丰富，且多数肉眼可见。内含物类型有动物、植物、气液包体、旋涡纹、杂质、裂纹等。天然琥珀是绝缘体，无法通电，与绒布摩擦能产生静电，可将细小的碎纸片吸起来。天然琥珀的导热性差，加热至150℃时变软，开始分解，250℃时熔融，先冒黑烟，微有焦松香气，熄灭时冒白烟。天然琥珀易溶于硫酸和热硝酸中，部分溶解于酒精、汽油、乙醇和松节油中，不溶于水。

前文有述，琥珀的造假技术是十分发达的。且随着造假技术的发展，假琥珀也日新月异。对于琥珀真假的判别最好根据上述天然琥珀的各种特点来判断。如亟需确认琥珀的真假，目前最为权威的方法是采用传统的宝石学、矿物学常规测试方法，并辅以其它大型仪器，通过光谱测量，分子结构和化学成分的测定来判断。

深受市场喜爱的蓝珀

佩戴文玩琥珀珠子有什么作用和讲究？

第三章 佛珠手串辨赏

　　琥珀是全球性的珍藏品，无论是国内还是国外，琥珀均受到人们的普遍喜爱，在欧洲，琥珀有"波罗的海黄金"的美称，同时还是德国和罗马尼亚的国石。除了可以作为珠宝艺术品，在中国古代，人们认为佩戴琥珀具有趋吉避凶、镇宅安神的功能。琥珀同时还是一味重要的中药，中医认为琥珀专入血分，心主血，肝藏血，入心肝二经。据南北朝陶弘景的《名医别录》所记载，琥珀有定惊安神、活血散瘀、利尿通淋的功效。

　　在文玩市场购买琥珀一般根据产区和品种定价，通常产区和品种也是相互关联的。

　　目前玩家在文玩市场上看到的琥珀主要来自中国、加勒比海、波罗的海、缅甸几大产区带。其中，波罗的海琥珀价格较低，良好的品质获得了消费者普遍欢迎，而辽宁抚顺琥珀高品质者较为少见，故价格较高。多米尼加、墨西哥等地的出产的蓝珀在近年来开始出现在市面上，以其通透灵动中又略带紫、蓝色的神秘之美，赢得了诸多玩家的普遍喜爱。由于存世产量稀少，故价格也是居高不下。

　　在宝石学中，琥珀的品质评价主要从颜色、块度、透明度及内含物四个方面体现。

　　从颜色而言，以浓正者为佳，其中，绿色和透明的红色琥珀，以及蓝珀的价值相对较高，金黄色次之，微黄及褐红色又次之，价值最低的是黑褐色或灰白色琥珀。

　　在蓝珀文玩珠子的选择中，蓝珀的颜色等级又可分为天空蓝、深蓝、浅蓝以及湖水蓝几个级别，其中以天空蓝的价格最高。

　　一般琥珀的块度大小对其价值评估也非常重要。所以如果制成珠子，珠子的大小越大，市面价格越高，且一般会呈几何倍增长。

　　琥珀的价值与透明度也有较大的关系，琥珀的品质是越清澈透明的越佳，半透明至不透明者次之。

　　琥珀中的内含物可为动植物及其碎片，其中虫珀最佳，植物珀次之。

虫珀中根据所含昆虫的完整程度、清晰程度、形态大小和数量等划分不同的等级，并决定其价值。

内含品相完整虫珀

二、蜜蜡

什么是蜜蜡？

蜜蜡

第三章 佛珠手串辨赏

在文玩收藏圈子里，有一句很著名的关于琥珀、蜜蜡的话："千年的琥珀，万年的蜡"。倒不是说蜜蜡的形成要早于琥珀多少多少年，这句话最主要的意思是蜜蜡比琥珀要罕见和珍贵的多。

蜜蜡和琥珀的形成原理几乎是一致的，现在学术界普遍认为蜜蜡是琥珀中的一种，将那些不透明的，或半透明的，品质较好的琥珀称为蜜蜡。中国人认为蜜蜡"色如蜜，光如蜡"，故称其为蜜蜡。

蜜蜡的颜色多以黄色系为主，有蛋清色、米色、浅黄色、鸡油黄、橘黄色等。枣红色的蜜蜡是黄色系蜜蜡外皮氧化产生包浆而颜色变深导致的，也因为如此，市面上产生了很多人为加工氧化的枣红色或者颜色更深的蜜蜡。

佩戴蜜蜡有何意义？

色泽呈橘黄色的蜜蜡珠子

蜜蜡是全球收藏家，皇亲贵胄都钟爱的藏品，它不仅是一种装饰，也象征了神奇和吉利。在古代中国一直就被皇亲们视为吉祥如意之物。皇族的新生儿通过佩戴蜜蜡而被祝福避难消灾，一生平安。同样的，蜜蜡含蓄内敛的外质和低调无华的芳香之气也能和中国的美学文化相融合。（晋葛洪《西京杂记》记载，赵飞燕枕琥珀枕头来摄取芳香。东汉和魏晋南北朝墓中亦常见用蜜蜡和石料制作的辟邪及佩珠等。）

古代欧洲的皇室贵族甚至把蜜蜡奉为皇权的象征，贵族们用不同种类和色彩的蜜蜡来彰显他们尊贵的地位和身份。蜜蜡被制成各类宫廷用品，被雕磨进柱子，镶嵌入桌面及雕刻成雕像饰品等，以示豪华。

在我国一些少数民族文化中，蜜蜡还被用于祝福婚礼和爱情。婚礼中新娘戴上蜜蜡，以求永葆青春，夫妻感情和睦。

蜜蜡在佛教中尤有其崇高的地位。佛教视蜜蜡为圣物，与金、银、珍珠、珊瑚、砗磲、琉璃一起列为佛教七宝。尤其在藏传佛教中，它具有了极其重要的修持作用。在佛教国家和宗教界人士中，拥有一块美丽的蜜蜡当视为佛赐予的守护，不仅贴身佩戴，还要心怀崇敬。在我国的藏传佛教中，通常将蜜蜡制成念珠或护身符，被认为具有通灵的神力，可以辟邪趋吉。

蜜蜡也一直就被视为宝石文化的代表，如同玉代表着中国的文化一样，欧洲的人们称它为"北方之金"。此外，蜜蜡也同琥珀一样是疗疾的良药，具有安定心神，帮助睡眠的作用。《名医别录》中将其列为上品，具有"安五脏，定魂魄，消瘀血，通五淋"之功效。

如何判断蜜蜡的价值和真假？

蜜蜡可谓"琥珀中的异类"，一般琥珀是越清澈透明的品质越佳，而

目前文玩市场上的老蜜蜡多数为藏传之物，古典而具有神秘气息

第三章
佛珠手串辨赏

蜜蜡雅珠

蜜蜡则正好相反，是越细密，越润泽的越佳。

蜜蜡的罕有程度与琥珀相比，可谓有过之而无不及，加上人们对它的喜爱，也造成了市场的供不应求，仿制和优化的蜜蜡也自然进入文玩市场中。

假蜜蜡多数以塑料和新树脂为主的仿制品，对它的真假判断可以参考上文中琥珀的特性。天然蜜蜡在佩戴一段时间，由于人的体温、酸碱度甚至气场的不同，会使蜜蜡发生变化，而仿制品则没有这种变化。当然，这种鉴定需要一段时间才能实现。利用琥珀蜜蜡的密度特性也可以将蜜蜡泡在1∶4的盐水中，真蜜蜡浮于水。这种方法被广大收藏爱好者屡试不爽。但是，此法仅限裸珀，而且如果盐水浓度不够，或者重量级、内含大量杂质的也会下沉。

蜜蜡在摩擦时由于温度上升会有散发的松香气味，这是通过气味特质来判断的一种方法，但注意带皮的蜜蜡摩擦时则不容易产生香味，只有燃烧时才会散发出松香味。而其它仿品如塑料燃烧后会发出刺鼻的化学气味和臭味。

琥珀蜜蜡诞生的"始新世"时期还是地球的蛮荒时期，不但人类尚未问世，即使较晚期的许多动物，亦未出现。蜜蜡的产生、形成过程须经历数千万年，令它增添了无数瑰丽的色彩和万千变化。而这种岁月的不确定性，也使得每一件的琥珀或蜜蜡无一相同之处，它们都是独一无二的自然瑰宝。

松石珠子市场解密

玩石

一、松石

什么是松石？

松石，也叫绿松石，又叫松石，因其"形似松球，色近松绿"而得名，松石也是我国"四大名玉"之一。绿松石古称"碧甸子"、"青琅"是一种晶体质结构的矿物，是一种蓝色到绿色系的半透明或不透明的晶体质矿藏。因其独特的质感和颜色作为配饰流行于文玩收藏圈中。现今发现的世界绿松石产地有中国、波斯、美国、墨西哥等国家和地区，其中以波斯地区和中国湖北产的绿松石最佳。中国是有着丰富绿松石资源的国家之一，目前文玩市场上所见的宝石级绿松石多数是湖北西北部地区所产的，其次在陕西、河南、安徽等地。

如何评价、分级不同品质的绿松石？

对于"绿松石"这样一种传统玉石，国内外的宝石学家早就对其品质进行了研究，并具有一系列的评判标准，这些标准到了文玩市场中同样适用。

判断绿松石的品级一般根据原矿的颜色、光泽、质地和块度来分。

一级绿松石呈鲜艳的天蓝色，颜色纯正、均匀、光泽强，半透明至微透明，整体上没有暗色或淡蓝色的斑点，没有铁线，表面有玻璃感，质地致密、细腻、坚韧、无铁线或其他缺陷，块度大。

二级绿松石呈深蓝、蓝绿、翠绿色，光泽较强，微透明，质地坚韧，铁线及其他缺陷很少，块度中等。

三级绿松石呈浅蓝、蓝白、浅黄绿等色，光泽较差，质地比较坚硬，铁线明显或白脑、筋、糠心等缺陷较多，块度大小不等。

品质各异的各类绿松石

绿松石的白脑是指在天蓝或蓝绿底色上存在的白色和月白色的星点或斑点，这是由石英、方解石等矿物造成的，筋是指具有细脉白脑的绿松石，糠心是指绿松石的外层为瓷松，而内心为灰褐色，灰褐色是绿松石的一大忌，故严重影响其质量。绿松石的炸性是指绿松石在加工过程中易于自然裂开的性能

如何辨别绿松石的真假？

目前国内的文玩收藏市场上所供应的绿松石主要源自湖北的竹山县，很少有进口的品种，随着市场需求量的增大而出现了各种珠品类繁多的绿松石处理品，因此玩家在购买绿松石时需要注意辨别真假。主要的假冒松石手段包括：注胶绿松石、染色绿松石、再造绿松石三种。

1. 注胶处理

由于品质较差的天然绿松石表面的空隙较大，空气进入后使得石体表面的颜色混乱不匀，因此通过浸胶技术可以将绿松石的空隙填充，并使其固化，使得表面颜色和润度更好，更加有光泽，同时也可以提升绿松石的密度。达到人为提高绿松石品质的目的。注胶后的绿松石原矿的密度更高，块体也更大，胶水进入松石内部，使得结构更加的精密，提升了可加工性，硬度和韧性也得到提高。这种处理有时也会用蜡来代替胶。

2. 染色处理

将浅色或近白色绿松石浸于无机或有机染料中，染成所需的颜色的处理方法被称为染色绿松石，一般会和注胶技术一同使用，可以增强绿松石的颜色和光泽。

3. 再造处理

再造绿松石也称粘结绿松石，指的是用一些天然绿松石微粒，加上各种铜盐或者其它金属盐类的蓝色粉末材料，在一定的温度和压力下胶结而成的造假工艺。

要辨别这三种制假品和真品的区别就需要玩家在绿松石的质地、颜色、光泽等属性上下工夫了。

一般而言，注胶或浸蜡绿松石的颜色与天然绿松石颜色虽然相近，但放置时间长后会褪色，尤其是经太阳暴晒或受热后褪色更快了，用手

摸时会有涩感。与天然绿松石相比，注胶的绿松石颜色较呆板，常见有明显的外部色深，内部色浅胶质物浸染的现象，光泽度也不及天然品强，而且是油脂光泽或蜡状光泽，不如天然绿松石光泽的灵动。另外，天然品和处理品都可带有蜘蛛网或铁线，但天然绿松石的铁线具有下凹的现象，注胶处理绿松石无此现象。

染色绿松石的颜色不自然，且过于均匀，因染料聚集在裂隙处使颜色变深。颜色深度很浅，一般在表面1mm左右，在样品表面的剥落处和样品背后的坑凹处，有可能露出浅色的坑。

再造处理绿松石具有典型的粒状结构，而不似天然绿松石那般浑然一体。因此放大时，可以见到清晰的颗粒界线及内嵌其中的深蓝色染料颗粒。

绿松石表面布有铁线，铁线处有凹感

天然绿松石文玩手串

佩戴绿松石雅珠有什么讲究？

从古至今，人们对绿松石的喜爱有增无减，认为绿松石是保佑人们平安的神圣之石，代表着温馨和生命，是吉祥、永恒和成功的象征。

绿松石在文玩市场中是少有的蓝绿色调，清新雅致的色彩，加上天然绿松石一般材料局限所致，很难做出定制规格的珠子，因此一般都是作为配饰珠子使用的。天然的绿松石价格高昂，有着很高的收藏价值，因此我们在购买松石时一定要选择天然的佩戴。优化后的松石在目前文玩市场上很常见，由于资源的稀缺和市场的供不应求，优化松石珠子也形成了一定的市场，成为常规的配饰品，也得到了一些商户的认可。玩家最好可以根据自己的经济能力选择天然的或者优化的松石，而商家也应该将天然的和优化的松石分类出售。

第三章
佛珠手串辨赏

绿松石文玩雅珠(桶珠制式)

二、青金石

什么是青金石？

青金石是由接触交代变质作用（一种岩浆的变质作用）形成的，存量主要在矽卡岩型矿床中。青金石作为一种稀有的宝石，全世界范围内仅阿富汗、俄罗斯、智利、加拿大等五个地区有蕴藏。虽然中国很早就开始使用青金石，但是中国并没有可出产青金石的地方。

如何鉴赏、分辨青金石？

青金原矿是一种含有大量杂质的混合物，它所含的青金石矿比例越高，它的品质则越好。

在文玩市场中，评判青金石珠子的品质高低可以依据颜色、质地、裂纹、做工、块度五个方面进行。

（1）颜色：青金石矿呈蓝色，所以青金石珠子一般也呈蓝色。一颗青金石珠子的蓝色越浓艳、越纯正、越均匀，则其品质就越好。

（2）质地：质地也是衡量青金石珠子的重要标准。质地越致密、坚韧、细腻的，它所含的青金石矿物就越多，含其它杂质矿物越少。如果只是含有少量星点状均匀分布的黄铁矿（即"青金"中的"金"），这样的青金已属上品。如果所含的黄铁矿局部成片分布，则影响了青金石珠子的整体的质地，品质也会相对低一些。因此对于含有杂质矿物的青金石珠子而言，杂质矿物分布的均匀程度，也是评价其品质高低的一个标准。

（3）裂纹：裂纹的存在也将明显地影响到青金石珠子的质量，当然质量最好的青金石珠子是没有裂纹的，其次是有微小裂纹的，裂纹越明显，则质量等级就越低。

（4）做工和块度：对于青金石珠子而言，做工主要是体现在珠子的整体性，珠体的饱满度，而块度主要是体现珠子的直径、大小。

我们在选购时要注意，工艺越好的，直径越大的青金珠子，其价值就越高。

根据青金石玉石中所含矿物成分、颜色、质地的差异，又可将青金石分成四个等级，这也是宝石界对青金石的分类标准。

（1）青金石级：质量最优的青金石玉石。所含有的青金石矿物在99%以上，不含黄铁矿，其它杂质矿物很少，质地致密、坚韧、细腻，呈现出浓艳、纯正、均匀的蓝色。

（2）青金级：一般含有90%～95%的青金石矿物，没有白斑，含有稀疏的星点状黄铁矿或少量其它杂质矿物，质地较为纯净致密、细腻，颜色的浓度、均匀度、纯正度逊色于青金石级。

（3）金克浪级：明显观察到青金石矿物的含量减少，含有较多且密集的黄铁矿，杂质矿物的含量明显增多，有白斑和白花，颜色的浓艳程度明显降低，呈现出浅蓝色且分布不均匀。

（4）催生石级：质量最差的青金石玉石，所含青金石矿物最少，一般不含黄铁矿，但方解石等杂质矿物含量较大，玉石上仅见到星点状蓝色分布，或呈蓝色与白色混杂的杂斑状。

文玩市场上现在一般很少出现假冒的青金石，因为青金石的价格目前相对南红、松石等都更为低廉，但是也有一些仿冒的手段。

一般是通过染色来减少青金石表面的金点（即黄色的黄铁矿杂质和白色的方解石杂质），从而达到将品质较差的青金石以更高的价格出售。另外一种是将杂、碎的低质青金石用胶水黏合到一起，制成假冒青金石。玩家可以从表面的颜色、光泽、纹理及其质地来判断真假，真的青金石色泽艳润，手感自然，假冒的自不可同日而语。另外，要注意，一般青金石通过放大观察，表面多少含有一些黄铁矿杂质，所以如果表面极其纯净，青蓝的，很有可能是通过染色的仿品。

天然青金石制成的佛珠

佩戴文玩青金石有何讲究？

中国自汉代以后开始大量运用青金石。青金石的蓝色给人以深邃、纯正、庄重而不失绚丽之感，有"色相如天"之美誉，符合当时贵族的审美情趣和精神境界。

古人常以诗句吟、赞青金石石色之美。唐代著名诗人白居易《暮江吟》中"一道残阳铺水中，半江瑟瑟半江红"之句，"瑟瑟"即青金石之色。五代韦庄《乞彩笺歌》中"留得溪头瑟瑟波，泼成纸上猩猩色"，也是借青金石之色，形容溪水清幽之美。青金石除被称为"瑟瑟"，还有"兰赤"、"金螭"、"点黛"等形象化的美称。

古代中国所用的青金石原料均来自阿富汗。《周书·异域下·波斯》记载："（波斯国）又出白象、狮子……玛瑙、水晶、瑟瑟。"

自汉代以来，青金石在全国范围内广泛应用，主要用途为装饰工艺品和首饰。因青金石"色相如天",在清代也备受重视。

《清会典图考》记载,"皇帝朝珠杂饰,唯天坛用青金石,地坛用琥珀,日坛用珊瑚,月坛用绿松石;皇帝朝带,其饰天坛用青金石,地坛用黄玉,日坛用珊瑚,月坛用白玉"。说明清帝在天坛祭天时,所用朝珠、朝带,都是青金石制成,而且青金石在饰物中是规格最高的一种。雍正八年后,四品官的顶戴也以青金石制成。于此可见青金石在清代日渐贵重。

文玩青金石雅珠

明清时期,青金石的雕刻兴起。除了用作佛珠、朝珠外,还雕饰为摆件、人物(如弥勒、罗汉)、如意、香炉、手镯等。清代宫廷所用佛教用品,也大量镶嵌青金石,如金嵌珍珠宝石佛塔、金嵌珠石立佛像、香炉、金嵌珠宝藏经盒等。除用作饰物,青金石在我国的另一个重要用途,就是研磨成粉,加工后用作彩绘的颜料。如敦煌莫高窟、甘肃天水麦积山石窟壁画、甘肃永靖炳灵寺石窟、新疆克孜尔千佛洞壁画等均使用了青金石颜料。

青金石的文化丰富,内含深远,由此在文玩市场上也受到了追捧。青金石有直接用作珠串的,也有用于配珠的,使用方法也很多样,可谓目前文玩雅珠中出现频率极高的一种珠子。

雕刻设计后的青金石文玩雅珠

三、南红玛瑙

什么是南红玛瑙？

南红玛瑙是近年来文玩市场上十分流行的饰品雅珠，它是我国特产的一个玛瑙品种，价格在近年来的文玩市场上也飙升极快。喜欢南红玛瑙的玩家很多，而文玩市场中也多以近两年南红热度最高（一般认为是2009年后四川凉山的南红开采而使得川料南红填充了收藏市场的资源空白），但其实南红玛瑙并非最近才出现在收藏文玩市场中的，南红作为一种玉石的使用和收藏已经有很长的历史了。它最早曾被用于皇室在珠宝级珊瑚资源匮乏后选择的替代品，现在已经凭借其优良的品质而在收藏界正名。

南红玛瑙属于玛瑙的一种，本应出现在下一章玛瑙之中，但是鉴于其在文玩市场上与绿松石、青金石在使用上有一定的相似性，故将其放在了本章节中。

南红有哪些产区，如何鉴别其品质？

当我们在强光下细细观察一颗南红珠子时，会发现南红的红色是由一个一个细小的红色点组合而成的。这就是南红玛瑙的特性，南红玛瑙中含有大量的、细小的三氧化二铁红色致色颗粒，当这些小颗粒达到一定密度，便组成了南红玛瑙的各种不同层级的红色。当颜色较深，颗粒密度较高时，光线无法照透时难以见到此特征。

同时，南红玛瑙具有胶质感，因此即便是颜色很深、透明度不好的南红玛瑙，用强光照射时，会给人一种很强烈的朦胧感，呈现胶质的感觉。由此也增添了南红玛瑙红色的神秘气息。

南红玛瑙在历史上最主要矿区在云南保山，所产之矿质以柿子红为最佳，质地细腻。由此而得名为"南红"。其实并不是只有在云南保山料才称作南红玛瑙。目前文玩市场上常见的南红珠子或者雕刻作品很多都是四川大凉山地区出产。这一矿区的开采时间不长而且产量相当大。

由于目前南红价格高涨，有人又开始使用现代工具去重新挖掘云南保山的南红产区，打算"挖地三尺"再出新矿，也确有部分出产，但可能因为使用了炸药，使得新出产的保山南红的裂纹更加细密。

目前文玩市场上南红玛瑙的三大产地分别是：保山南红（滇南红）、凉山南红（川南红）、甘肃南红（甘南红），其中又主要以云南保山南红和四川凉山南红两者为多，两者各有特点，只是因为保山的产量更加稀少一些，所以价格要比凉山为高。

云南保山的南红料颜色纯净度更高，具有一种珠光宝气，显得比较干净，但缺点是内部常出现各类裂痕。凉山南红相对保山南红裂痕较少，可以出一些手镯或一些较大型的摆件。但其颜色通常不够纯净，一块原料上常有几种颜色糅在一起，纯色的比较少见。

1. 云南保山南红玛瑙

云南保山南红也可称为滇南红，产于玄武岩中，所产原石以块大多裂为特点。滇南红的色泽艳丽，可见粉白、粉红、橘红、朱红、正红、深红、褐红色等不同色调，质地细腻，视觉上表面有雾状外观，但透光观察透明度较好，水头足。

2. 四川凉山南红玛瑙

四川南红是近年来新开发的南红玛瑙品种，产自川西的凉山州西昌市九口镇。凉山南红一般存在于砂砾或沙土层中，故原石常呈圆形卵石，外表有皮壳，根据外表皮粗细程度可分为"铁皮壳"和相对粗糙的"麻皮壳"。铁皮壳原石表皮较薄、肉质细腻,麻皮壳外表较厚,所以凉山南红玛瑙的绺裂不明显。凉山南红玛瑙的颜色可分为锦红、玫瑰红、朱砂红、缟红、红白料。与保山南红相比,玉质的细腻程度稍弱,透明度不如保山料。

3. 甘肃迭部南红

甘肃迭部南红简称甘南红,色彩纯正,常呈橘红色——大红色,少数呈深红色,色域窄,很少见到像云南保山南红玛瑙那样的雾状外观。有玩家认为甘南红的质量是南红中最好的,但目前市场上仅见一些老的南红珠子。

对于南红玛瑙市场价值的分析,一般在文玩市场中以保山为尊,凉山次之,主要原因无非是保山南红开采的时间更长,且资源更为稀缺。在挑选南红珠子时,最好选择色差小,颜色红润饱满,半透明,润度高,水头足的优质品种。

目前仿制南红玛瑙的人工处理方式主要有染色、烧色两种,仿制品

和天然品在外观上比较相似,但是仔细观察对比,会发现有以下几点比较容易的区分点。

1. 天然南红玛瑙的同心层带状或平行层带状花纹具有很好的延续性,并能保持着其原有的均匀厚薄,而人工处理玛瑙则与此相反。

2. 染色南红玛瑙在宝石放大镜下观察,能够看到颜色沿裂隙呈丝网状红分布,光泽变强,呈玻璃光泽,也无南红特有的油脂感。

3. 烧色的南红玛瑙颜色不那么自然,红色偏暗,不亮,且有浮于表面的感觉。另外,此类南红玛瑙油脂感也不强,光泽偏向玻璃光泽,并且这类玉料易脆。

多用于配饰的南红圆珠

多用于配饰的南红桶珠

佩戴南红雅珠有何讲究?

明代的《徐霞客游记》中记载徐霞客来到一处地方,地名叫玛瑙山,他看到悬崖峭壁上镶嵌有一种玛瑙"色月白有红,皆不甚大,仅如拳,此其蔓也。随之深入,间得结瓜之处,大如升,圆如球,此玛瑙之上品,不可猝遇"。根据考证,此处的玛瑙山,就是现今的云南保山地区。云南保山的玛瑙也是所知的最早被开采的南红玛瑙。

玛瑙作为配饰历史久远,最为重要的就是那一抹神秘的红色,因此选择南红玛瑙珠子首要就是红色的饱满和润泽,其鲜艳也代表了它的尊贵。南红玛瑙无可避免的是它的绺裂，古时称南红难成大器的原因也在于此，但是作为文玩珠子，它独特的颜色也是无可替代的。佩戴南红就是为了佩戴它独特的色彩。其中展现的美感，也是独特、神秘的。

南红文玩珠子

南红珠子的挑选方法

玛瑙

什么是玛瑙？

天然的各类玛瑙珠子

1. 玛瑙的概念

玛瑙也作"码瑙"、"马瑙"、"马脑"，属于玉髓类矿物，一般定义是：玛瑙是具有曲面或平面层状构造的石英隐晶质体。

2. 玛瑙的矿藏资源分布

玛瑙的资源分布十分广泛，陆地和海洋中都有分布。世界上出产玛瑙较多的国家有巴西、印度、美国、乌拉圭、马达加斯加、英国、法国、墨西哥、纳米比亚、日本、希腊、俄罗斯等。

我国同样是一个富产玛瑙的国家。已发现的产地包括黑龙江、吉林、辽宁、内蒙古、河北、山西、甘肃、宁夏、新疆、山东、江苏、浙江、福建、江西、河南、湖北、湖南、广西、四川、云南、西藏、安徽、贵州、陕西和台湾等地。有些地域辽阔的省区，玛瑙资源的分布十分广泛。例如内蒙古自治区东起呼伦贝尔市莫力达瓦自治旗，西至阿拉善盟额济纳旗，各主要盟、市、旗、县均不同程度地发现了玛瑙。

3. 玛瑙的形成

关于玛瑙的形成有不同的几种说法，主流说法认为玛瑙形成约在一

亿年以前，由于地壳变动导致地下岩浆喷涌，熔岩冷却时，气体形成汽包被封闭在岩石中，形成多孔状的岩石，后来孔洞中逐渐浸入含有二氧化硅的溶液，凝结成硅胶，含铁岩石的可熔成分进入硅胶，最后二氧化硅结晶为玛瑙。还有一说认为玛瑙是太空岩石在太空状态下形成后变成陨石坠入地球后长期演变形成的。

4. 文玩市场中的玛瑙

在文玩市场中的玛瑙种类也非常丰富，包括近年来在文玩收藏市场中大红大紫的南红、天珠等在内都属于玛瑙范围内。一般玛瑙由于形状各异，会被制作成各种类型的珠子使用，在文玩市场中主要根据其颜色、质地、纹路等外在特征对其进行分类。本章中主要介绍文玩市场中几种常见的玛瑙类型。

有哪些常见的玛瑙，它们是如何形成、分类的？

天然的玛瑙颜色亮丽、绚烂，由于其形成原理复杂，内涵多种不同的矿元素，因此会有白、紫、黄、黑、红、蓝等各种各样的颜色，各种不同的、斑斓的色彩交错缠绕在一起，使得玛瑙的外观十分美艳。在文玩雅珠的赏玩、配饰中，抛开年代不谈，玩家们一般会根据不同的纹理交错风格来对其进行分类。

缠丝玛瑙珠子

1. 缠丝玛瑙

缠丝玛瑙是文玩市场中常见的玛瑙种类之一，由于表面有着各色缠绕的波状丝带般纹理而得名。缠丝玛瑙在学术界被称为条带玛瑙。条带玛瑙的形成原理比较复杂，简单而言，这种玛瑙内部具有平面层状构造，在高温状态下收到了撞击而形成强烈的平面波动，其平面层产生了压缩和拉伸的震动式变形，冷却后就形成了缠丝玛瑙的模样。

图中珠子可反映玛瑙珠子内部多层的状况

2. 阴阳玛瑙

阴阳玛瑙是指表面具有深浅相差很悬殊的两种颜色，并被一条分界线分开的玛瑙。这种玛瑙在形成过程中由于密集的地质撞击其中一个半球，使得这个半球发生了强烈的变形和轻度融熔，颜色急速变浅，冷却后就会形成阴阳面的情况。

阴阳玛瑙珠子

3. 药师玛瑙

药师玛瑙也称为环带玛瑙,与缠丝玛瑙相似,它在高温状态下形成了多个平面层状的结构,只是在形成过程并没有受到砾石或砂尘的撞击,因此其平面层并未产生压缩和拉伸,也没有变形。所以其表面环绕的是带状平整的图纹。环带玛瑙做成文玩珠子后,根据其表面带状纹理的数目多少分为一线药师、二线药师直至多线药师。

三线药师玛瑙珠子　　　　　　一线药师玛瑙珠子

4. 圈眼玛瑙

圈眼玛瑙也在文玩市场中被称为天眼玛瑙，是一种表面具有一些同心圆带纹理结构的玛瑙。圈眼玛瑙的每一组同心圆带的纹理一般都是由两种颜色自内向外交替排列的，很像动物圆圆的眼睛。同一颗圈眼玛瑙的表面常常密布着许多大小不一的圈眼，有时还会出现双心的、多心的和重叠的圈眼。

圈眼玛瑙

由于玛瑙在形成过程中有着丰富多样的变化，因此也有着很多不同的颜色，不同的纹理交织形成，通过匠人艺术化的取材设计，才有了文玩市场上各种不同的造型。在地质学中，还有夹胎玛瑙、水胆玛瑙、流星玛瑙、木纹玛瑙等多种，都是根据其外形不同的纹理特征来命名的，玩家在选取玛瑙珠子时，要优先选择色泽美观，纹理自然的珠子。

如何辨别玛瑙的真假、品质？

我们可以通过色彩、质地、重量、透明度、温度等几个方便来判断玛瑙珠子的品质，一颗玛瑙珠子的色彩越鲜明亮丽，越丰富绚丽者越是难得的好珠子，好的玛瑙珠子质地坚硬，重量较重，在透明度上，会有些浑浊。由于比热大，玛瑙会有冬暖夏凉的质感。

假的玛瑙珠子一般用人工石料合成，质地较软，用指甲，刀均可刻出痕迹。真玛瑙触摸起来会有些油腻感，而假的通常非常光滑。真玛瑙用火很难烧坏，合成玛瑙容易被火烧软，而且闻上去会有臭味。

文玩玛瑙珠子

什么是天珠?

真正的天珠是玛瑙的一种,"天珠"这个称呼由来已久,而且有着十分久远的历史,近代地质学家对其物理、化学性质进行研究测定后,得出天珠是一种传自西藏的由强碱、硝酸蚀刻后的一种工艺玛瑙珠子。

关于天珠的传说有很多,在文玩收藏市场中最被广泛认可的说法是:

各种纹饰的老天珠串

天珠是几千年前从天外陨石坠入地球喜马拉雅山脉矿区,后被藏人开采出来的一种"天外来石",其中含有大量的宇宙能量。这种说法自然有文玩商家炒作噱头的嫌疑,具体也无法考证。

但在历史上,人类的确有着制作天珠的悠久传统。主要制作的方法是,在石头上做上模子,然后喷上强碱,在通过火烧等处理手段,让碱在石头表面变成白色。或者用硝酸铜制成图案或用火烧,可留下黑色的图案。

天珠的历史十分久远,可追寻到唐朝,那时被称为"瑟珠",不仅中国,印度、波斯也有使用天珠的历史。尤其在西藏,其历史可追寻至史前,且和宗教紧密结合在了一起。

如何品、鉴天珠?

对于天珠的品赏和鉴定主要可以从以下几个特点进行。

1. 质地

天珠由于是天然材质经过加工而成,所以它除了自身的颜色外,也后续添加了不少其它的色彩,一般天珠表面有乳白色、黑色、棕色、淡绿色、红色五种。其中乳白色质地为最佳,所以一般我们可以通过天珠孔道内颜色是否为乳白色来判断天珠的质地好坏。

2. 色泽

天珠美丽的色泽呈现是品味天珠的重要标准,一般表面有灰白色、深棕色、象牙色、淡棕色、乳白色等颜色相交错而呈现美感。黑白分明,层次明显的纹理是选购天珠的关键。

3. 光泽度

天珠表面一般由油脂光泽、玻璃光泽和蜡光泽三种感觉。老天珠由于年代久远经历了各种风化,表面不平滑而有絮乱的反射光。看上去似有一层油脂。油脂光泽有时也会形成蜡光泽,这些都是老天珠的特点。

有些天珠颜色如玻璃，反光很强，这种属于新制天珠。还有一些表面颜色暗淡，纹理似有凹陷，类似土质，这种属于比较劣质的天珠。

4. 透明度

品赏天珠有时候可以根据其透明度，一般天珠的透明或半透明都是在表面约1毫米左右，类似外层包括透明物质。但是无论透明、半透明或者不透明的天珠，都有好的品质存在。

5. 完整性

外观是否完整也是一颗天珠价值的体现。老天珠年代久远，难以有完整的品相，所以有一颗完整的老天珠在现在的文玩市场上也属于价值连城了。老天珠的孔道往往磨损较多，这也成为了判断天珠是否为老物件的重要参考，不过也要当心现在新天珠的"仿古"工艺了。

6. 风化纹、朱砂点

所谓的风化纹是天珠老化的特点。老天珠用放大镜看，表面出现类似鱼鳞、凤爪的不规则细纹，深浅不一，一般在黑色、深棕色表面比较明显。朱砂点是老天珠表面常出现的红色"血点"，形成原因不明，大致是和人体摩擦或长期氧化而成的。

橄榄

什么是核雕?

在人类的工艺美术中,雕刻工艺可说是最早的品类之一。从考古发掘和文献资料中可知,先民在原始社会中已运用大自然中的玉、石、竹、木、牙、角、骨等材料,制作出即实用又富有装饰性的器物。

在文玩收藏市场中,在珠形物体上雕刻不同的题材制成的文玩雅珠手串也受到了玩家的追捧,并形成了一定数量的拥趸。

根据使用的材料的不同,分为木雕、竹雕、牙雕、核雕等类型,其中最为常见的要属核雕类的珠体了。

核雕属于微雕工艺,所用的材质主要是果实的果核,目前较多使用的是橄榄核桃核,其中橄榄核雕刻作品是目前文玩市场上最为常见的,把玩、佩戴者最多的一个门类。

橄榄核雕刻作品

如何选择、品赏橄榄核雕刻雅珠?

目前橄榄核雕刻市场上种类很多,玩家在挑选橄榄核作品时主要应考虑两个方面:核原料的品质和工艺水准。其中每个方面都有多个方面的考量。

橄榄核雕刻所用的材质叫橄榄核,其实这种橄榄核并不是我们平常所吃的橄榄的果实,这是一种产自广东、广西及越南部分地区的一种乌橄榄的果实的果核,其中以广东梅林地区所产的核质最佳。

乌橄榄原果

雕刻前的橄榄核原料

判断橄榄核核质好坏主要有以下几个标准。

1. 大小

一般而言，橄榄核的最大宽度被用来衡量橄榄核结核的大小，一般核直径在1.6～2.2cm，一旦小于1.6cm或者大于2.2cm的核属于比较难得的核，价格也相对高一点。根据玩家和雕刻者对核大小的研究，又可以将核分为标准大核、细长核、中等核、小核、圆核、怪核几种。

（1）标准大核：又称传统大核、单核，一般宽度要超过2.2cm，长度超过3.5cm，核质红透的为上品。这种核一般用于雕刻单籽类精品题材。

（2）细长核：形体较为细长的核子，这种核子的长度一般在4.8cm以上，宽度不超过1.9cm，感觉较为细长，这种核适合雕刻如观音、核舟等特殊题材。

（3）中等核：大小中等的核子，一般宽度为1.7～1.9cm，长度在2.3～3.0cm，是最为常见的橄榄核雕刻材料，一般多用于创作罗汉头、九龙戏珠、八仙等题材，且作为手串较多。

（4）小核：外形较小的橄榄核，适用于较小腕串，这种核子一般的直径在0.8～1.5cm，直径越小则材料越稀缺，价格也越高昂。一般也多用于创作罗汉头等题材。

（5）圆核：外形较为接近球形的橄榄核材料，一般直径2.0cm以下的常见，原料相对充足，若是直径超过2.2cm的，且接近正圆的橄榄核原料就很稀缺。如果圆核品质较好，肉质较厚的可以通过打磨制作成球形光珠。一般品质的圆核用于雕刻八宝观音、九龙戏珠等题材的核雕手串。

打磨后的橄榄核圆核光珠串

用橄榄核尖打磨出来的小橄榄核珠串

（6）怪核：外形较为奇特的，形状特别的橄榄核材料，为基因突变的品种，外表看似怪异，但是只要通过巧妙的设计和雕刻就能使其有着别出心裁的效果。

2. 肉质

橄榄核核肉的质量决定了橄榄核把玩包浆的速度，包浆后的颜色和品质，所以在挑选橄榄核的时候，对橄榄核核质的把关也显得尤为重要。一般而言，橄榄核核质分为以下几种。

（1）铁圆核：铁圆核也称为铁核，其表皮青黑、壳质坚密，一般产自广东省普宁梅林镇附近。优质铁圆核不易裂、壳质厚（核壁一般超过0.6cm）色质红润均匀、质地细腻，白筋密度大，雕出来的成品，筋是黄的，把玩后颜色逐渐变红。比一般的核在雕刻时感觉坚硬，雕刻起来也十分费劲，不过后期不易雕裂。铁圆核在上手把玩后会先褪色，然后逐渐上色，包浆后颜色红润，光泽度高，十分漂亮。

铁圆核核雕作品

（2）红金刚：表皮同样发红，肉色稍红者可称为红金刚，这种核子相比铁圆核颜色较浅，也没有铁圆核那么容易通过把玩上色、上浆。但其同样是出众的雕刻材质。

（3）黑金刚：黑金刚表皮发黑，核肉极红，通过把玩非常容易上浆，上色也是很快，是非常理想的雕刻罗汉用料。

（4）紫袍核：表皮颜色发紫，一般作为废料，很少使用。近年来由于原料的紧缺，紫袍核也被部分雕刻者巧妙的废物利用了起来。

（5）黄胖核：黄胖核指那种颜色发黄，核肉饱满，宽度较款的橄榄核材料。主产自广东东部地区，黄胖核虽然核质较黄,但并不发糠；且把玩时上色很快，受到部分橄榄核雕师傅的喜爱。

（6）奶油核：材质和颜色接近黄胖核，但是大小要比黄胖核略小，也有将黄胖核直接称为奶油核的。

（7）水晶核：水晶核的质地尤其细密，在经过盘玩之后表面会形成一层玻璃釉光似的包浆，故名水晶核。

一般而言，文玩市场中一般只以铁核、油核、黄胖核来分。铁圆核和油核都是雕刻首选的优质材料，雕刻者会选择不同的核质配合

奶油核体一般比铁较大，颜色发黄

不同的雕刻题材。

3. 工艺

对橄榄核雕刻手串工艺的品评和鉴赏是其确定价值的另一个重要因素，橄榄核雕刻作品是工艺品，工艺的好坏是其价值高低，市场价格高低的重要评判标准。

下面就几个方面简单谈一下如今文玩市场上橄榄核雕刻的工艺状况。

（1）南工和北工：关于南工和北工在文玩橄榄核市场上的争议由来已久，主要分为两派，一派认为南工既是以苏、浙地区匠人手工雕刻而成的作品，而北工是以河北、东北地区采用机器雕刻而成的作品，一般认为北工是没有收藏价值的，这是早些年在文玩橄榄核市场上多数人所持的观点。近年来，北工中许多优秀作品的涌现令多数玩家对南北工的工艺有了新的解读：南工是南方民间艺术传承的作品，其中技艺更加手工化（杜绝一切机器辅助），题材为民间传承的各种艺术题材，因此是一种师傅传徒弟式的继承工艺。北工是以学院派为代表的，通过设计、美学等角度对核雕重新解构的一种创作，这种创作一般不拘泥于纯手工（可加机器辅助），不拘于题材（多有创新题材），一切以作品的美感和艺术感为最终目的。前一种认知是主要基于地域的固有认知，而后一种是对橄榄核雕刻工艺更加现代的，更加潮流的解读。

（2）苏州的罗汉头雕刻工艺：在以苏工为代表的橄榄核创作的传承中，最为出名的是以苏州市光福镇为代表的创作艺人们的技艺。他们一直以来都秉承民间艺术的传承，其中最为著名的就是几个派系的罗汉头雕刻。

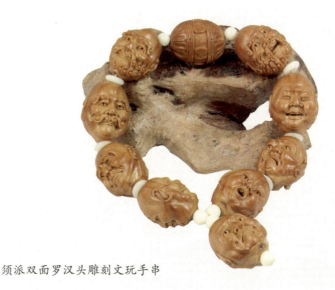

须派双面罗汉头雕刻文玩手串

将民间传说十八罗汉题材通过十八个籽雕刻成串来体现，每一个籽都是一个罗汉头。这样的手串在文玩市场上风靡一时，十分受欢迎。其中传统的罗汉头的雕刻方法有三派：须派、殷派和钟派，分别以创始人须吟笙、殷根福和钟年福命名。三种罗汉头形似而神各有异，但是归根结底都是创始人对于橄榄核这种材质和雕刻技艺的理解，经过时间的醇化，这三种题材都流传下来，成为橄榄核雕刻技艺的一种传承。

（3）工艺的品评：对于橄榄核雕刻工艺的品评和审美，每个人都有自己的理解。我们可以从题材、构图、技艺、意境等几个方面来理解。

须派十八罗汉

橄榄核雕刻题材多样，主要以传统题材和宗教题材为主。传统题材包括核舟、龙、园林、金钗、儒家经典等等，宗教题材包括观音、佛像、罗汉、老子等等。题材的选择本身并没有高低之分，全凭玩家的喜爱，但是题材的刻画会体现雕刻者对于创作背景的理解。因此，欣赏橄榄核工艺时，首先要感受作品题材的准确性，是遵于传统还是有所创新，其中设计是否得当。

构图体现的是雕刻者对原料核的理解和美术设计功底，好的构图可以令作品看上去更加合理，层次分明。该在何处留白，何处精细，何处圆满，都是雕刻者工艺水准的体现。橄榄核材质的局限性通常令创作者多有桎梏，如何在有限的创作面积上体现作品的圆满是衡量创作者水准高低的重要标准。

雕刻技艺是呈现作品的基础，雕刻的好坏看神韵和细节，神韵一般体现在人物的表情、动作，景物的层次上；细节可以看出雕刻者在细微处，如衣服褶皱、手、细景等地方的着力和功力。由于橄榄核雕刻是微雕技艺，所以自然事无巨细。好的工艺是流畅的，细微处见真章的，也体现了雕刻者的诚心。

最后看意境。意境比较复杂，而且较为主观，一款作品能否勾起你内心的想象，能否让你在作品之外看到雕刻者的表达意图是作品意境表达能力的体现，有时一个简单的雕刻反而有了无穷的意境。

如何保养橄榄核手串？

核雕作品开裂，防护其开裂是保养它的基础，需要有长期的耐心。一般新作品因刚雕刻而成，核质内干湿度很不稳定，爱好者在刚购入后力求不要急于佩戴，以放入在干爽的塑料袋内存于家中阴凉的地方为主，每日上手上油盘玩一两次即可。

橄榄核

在南方保养措施相对简单快捷些，但刻工繁密的新作品也应按以上之法存放一段时间作为过渡。在北方保养须更加注意，做到防水、防风、防温差。尤其是冬季注意室内、车内的冷暖环境变化。

橄榄核本身是含有很多油性的，但随着存放原材料和雕刻的过程中，许多玩家在盘玩时喜欢上油，其实上油时切忌油分过多，在核体表面做上薄薄的一层均匀的油即可，以橄榄油为佳，切忌在油性过多且不均匀时停止把玩并封袋，这样会造成橄榄核表面的花斑和阴皮。盘玩的过程中可以用牙刷刷其表面，以保持油分的均匀。

盘养还要依据作品特点、核质的不同加以细心区别，设置盘玩计划，方能达到各自理想状态。浮雕、圆雕一类，刻画深浅较适中的作品，可基本用手盘玩养护。但要注意应在微微给核雕涂上一点纯净油脂后洗净双手下再慢慢磨盘，这样才能避免杂质随不洁的油脂渗进榄核中。若是镂雕或刻画较深的核雕作品，只能选择柔软洗刷来慢慢刷盘养。此类作品更要精心、细心，尤其要注意用油脂要力求纯净、薄稀，刷盘时要和缓持久，不然很容易造成作品人为损伤或成色不均的情况。

一般文玩圈中人说橄榄核"三分盘，七分养"，指的是在把玩过程中，把玩的同时还需要用身体去滋养，将橄榄核雕刻作品贴身养护，方可达到最好的效果。但是即便是包浆了，也要注意，它还是有开裂的可能，还是应注意保养。盘玩核雕作品是很好修身养性、调养身体、愉悦身心的方式，一方面真正要达到效果最少需要两三年的时间，需要很好的心平气和的处事心态；另一方面在每次盘养过程中又要持久缓和在手中把玩，是很好的方便易行、强身健体的方法。随着作品慢慢呈现出那优雅琥珀玛瑙光泽时，其中的愉悦只有亲历者方能充分体味。

橄榄核

▶ 不同水晶珠子的意义

水晶

一、水晶

水晶雅珠

什么是水晶？

水晶是宝石的一种，属于一种稀有的石英结晶体。纯净的水晶是无色透明的晶体，主要的化学成分是二氧化硅，当纯净的水晶内部中含有一定量的微量元素时（主要是铝、铁元素），各种元素所形成的不同色心，令水晶呈现出各种不同的色彩，主要有紫色、黄色、茶色、粉色等。在水晶形成的过程中，其晶石内部通常还会包裹各类不同的矿体，称之为包裹体水晶，不同的包裹体展现了水晶不同的美感，由此便有了"发晶"、"绿幽灵"等不同特质、种类的水晶。水晶包裹体的主要成分有：金红石、电气石、阳起石、云母、绿泥石等。

关于水晶的形成，水晶是以硅、氢化物在气态形式下迁移、分异、富集，然后在稳定、温和、宽松环境经过缓慢的氧化、水解后自由结晶而成的单晶或晶簇。

内含线状包裹体的"金发晶"

佩戴水晶有什么意义？

水晶也被称为"水精"、"玉精"、"水玉"、"千年冰"等，它具有晶莹剔透的美，因此中国古人曾认为水晶是有冰转化而来的，《格古要论》中称："千年冰化为水精"。水晶是佛家的七宝之一，在佛教中也有着很高的地位，所以也常被制成各类配饰、珠串佩戴。宋代杨万里有诗句云："西湖野僧夸藏冰，半年化为真水晶"。

水晶由于颜色和包裹体的不同，有多种分类。不同颜色的水晶的寓意也有所不同：白水晶寓意灵感和敏锐，可令人思维敏捷；黄水晶寓意财富，可增加财运；紫水晶和粉水晶寓意爱情和人缘；茶水晶寓意安宁，稳定情绪；发晶可驱邪化煞，提升权利财富；绿幽灵使人心胸宽广等。

紫水晶雅珠

净度较高的紫水晶

如何鉴赏文玩市场上的各种水晶珠串？

文玩收藏市场上有许多品种各异的水晶收藏品，包括珠子，雕刻件在内。水晶珠子的品种包括无色水晶珠子、各色水晶珠子和内含包裹体水晶珠子三种。从收藏角度而言，好的水晶珠子一般要看质地：纯色珠子材料质地越纯净、光润、晶莹的品质越佳，含有包裹体的水晶珠子品质依据其独特的包裹体的品质来判定。而对于体积较大的水晶球而言，其品质越纯净，体积越大的价值越高。

玩家朋友们在挑选水晶珠子时可以依据以下几个标准。

1. 看原料

优质的水晶珠子一般看不到内里的胶口及棉絮。珠子内在的结构均匀细腻，质地纯净、光润、晶莹；纹裂、杂质越少越好（内含有包裹体的水晶珠子除外）。

2. 看做工

水晶珠子的做工也是衡量其品质的重要标准。一颗水晶珠子的圆润度，表面是否完整无伤，孔道是否大小均匀等因素都是珠子的价值体现。

3. 看抛光

水晶珠子的抛光可分为软抛光与硬抛光。抛光的好坏直接影响到水晶表面的光洁度，从而影响价值。

4. 看孔眼

看水晶珠子的孔眼是否是平直的；每个孔的粗细是否是均匀的；孔道边缘有无细小的裂纹；孔道内壁是否是清澈透明的，都是衡量这颗珠子价值的标准之一。

5. 看颜色

水晶的颜色是多样的，即使在同一颗水晶珠子上，也会出现不同的纹理和颜色，单色水晶珠子则要求色度均匀，颜色纯正、鲜艳。多色的水晶，则要求颜色纹理自然、美观、大方。

6. 看包裹

水晶珠子里往往含有不同形状、颜色的包裹体，购买这一类的水晶珠串时，要看看包裹体的形状、样式是否美丽，每一颗珠子的包裹体风格是否一致。当水晶珠子里的包裹体体现出水晶的文化、宗教内容时，其往往具有很高的收藏价值。

内含特殊包裹体的水晶雅珠

　　文玩市场上常常有用玻璃和水晶合成的仿冒水晶，玩家可以通过以下几种方法来简单辨别：天然的水晶在形成的过程中，由于受到了环境的影响，内部总会含有一定的杂质，即便较为纯净的水晶，当在阳光下细看时也能发现其内部含有淡淡的横纹和柳絮状内含。人工合成的水晶通过加工处理内部是纯净的，不含任何物质的。

　　通过手摸或者舌头的触碰来判断：天然水晶珠子摸上去比较清凉，人工水晶摸上去是温感的。

黑发晶

　　玩家还可以通过将水晶浸入水中,观察水晶反光面的气、液包裹体和色块、色带来判断。天然水晶能看到细小的裂痕,明显的色块和均匀的色带,而人工合成的并不具备这些特征。

如何保养水晶珠子？

1.水晶珠子和一般宝石类的保养方法无异，不要同其它硬物一起放置，避免珠子之间的相互碰撞、摩擦，造成刮痕。

2.避免水晶珠子和各类化学药剂相接处，以免对其造成侵蚀和永久伤害。

3.尽量保持水晶珠子表面的光洁度，避免汗渍、油垢的污染而令珠子失去光泽，佩戴后可用软布擦拭。

黄水晶

"绿幽灵"

如何鉴赏碧玺?

碧玺是一种中档宝石,矿物名称为电气石,因其具有压电性和热电性而得名。碧玺是一种成分十分复杂的宝石,其颜色也十分丰富,有无色、红色、蓝色、绿色、黄色、褐色和黑色等。

碧玺的产地分布十分广泛,主要来自巴西,另外还有斯里兰卡、马达加斯加、坦桑尼亚、肯尼亚、纳米比亚、阿富汗、巴基斯坦、意大利、俄罗斯、美国与缅甸等国家,中国新疆与云南也是碧玺的产地。

碧玺

碧玺最主要的特点有以下三个。

双色性。由于碧玺的双折射率，碧玺具有明显的双色性，即每种颜色的碧玺基本上能展现出两种颜色的过渡，这也十分符合人眼的审美标准。比如：红色碧玺一般呈现红色——粉红色，绿色碧玺为绿色——淡绿色。

双影性。碧玺由于其双折射率大，从表面向内观察，可见看见底棱中有着明显的双影现象。这增加了碧玺内部结构在视觉上的层次感，也是碧玺区别于许多别的宝石的一种显著特征。

包裹物。碧玺内部通常含有棉絮状和管状的包裹物。这种包裹物在不同角度观察下会出现颜色的变化。

碧玺在宝石学上一般可分为红色碧玺、绿色碧玺、蔚蓝碧玺、黑碧玺、紫碧玺、无色碧玺、双色碧玺、西瓜碧玺、猫眼碧玺、钠镁碧玺、亚历山大变色碧玺、钙锂碧玺、含铬碧玺和帕拉依巴碧玺等14种。

碧玺

若以碧玺晶体的颜色分类则可达 15 种复色之多，其中，更以通透光泽的蔚蓝、鲜玫瑰红、粉红加绿色的复色为上品。

在选购碧玺珠子时一般需要注意珠子的两个方面特性：颜色和净度。

颜色是衡量一款碧玺价格的主要因素。一般而言：红色的、鲜蓝色、翠绿色及红绿双色碧玺在文玩市场上的价格更高，黄绿色及其他杂色碧玺的价格相对较低，黑色和无色的碧玺在珠宝界几乎没有什么价值。

净度是指碧玺内部所含包裹体的多少。通常含有大量的絮状、管状包裹体的碧玺品质和价值较低。包裹体较少，较为纯净、剔透、无瑕的高净度碧玺价格较高。

最后猫眼效应和变色状况也是衡量碧玺品质的重要标准。

碧玺珠子比较脆，因此要注意对碧玺的保养。在佩戴时要注意避免撞击，由于碧玺具有热电性，表面容易吸引灰尘，所以也需要经常用温水和湿布加以清洗保养。

第三章 佛珠手串辨赏

一、珊瑚

珠宝珊瑚

什么是珠宝珊瑚？

珠宝珊瑚不同与我们通常意义上所说的"珊瑚礁"。"珊瑚礁"是一种造礁珊瑚，分布在热带、亚热带海洋中，是世界四大生态体系之一，品种有数千种之多。而文玩收藏市场或珠宝市场中所用的珊瑚并不是这种"珊瑚礁"，而是一种生长在深海，生长极其缓慢，且没有"造礁"能力的珠宝级珊瑚。这种珊瑚一般只有八个品种：赤色珊瑚（也称阿卡珊瑚)、沙丁尼亚珊瑚(全红珊瑚)、MOMO RED(桃色珊瑚)、MISU珊瑚、深水珊瑚、浅水珊瑚、美都珊瑚和南枝珊瑚(白珊瑚)。其中最为常见的是前三种,即:阿卡、沙丁和MoMo。

珊瑚雅珠

珊瑚有哪些种类？

1. 赤色珊瑚

也称阿卡（AKA）、牛血红珊瑚，一般色泽为牛血红，也有一些偏粉色的，质地半透明如玻璃，表面有白心，是贵重珊瑚当中最稀贵的一种。一般生长在水深110~360 m的海底岩石或峭壁上。多产自我国台湾的东北方、高雄外海、兰屿附近、宜兰五结外海等海域。

阿卡珊瑚一般为红色系，质地很通透，透光性也好，光泽艳丽。阿卡珊瑚通常有白芯，由于生长在深海中，表面也会有一些压力纹。

2. 沙丁尼亚珊瑚（全红珊瑚）

也称沙丁，一般色泽为红色系，没有粉红色和白色的，也没有白心特征，因此可称为全红珊瑚。沙丁在海底大陆架数十厘米以下即可发现，主产自意大利以北、法国、西班牙、葡萄牙和希腊（色泽较深）；意大利以南、摩洛哥、阿尔及利亚和突尼西亚（色泽较浅）等地区。

沙丁的优点在于其颜色均匀，普遍较红，而且基本没有白芯和压力纹，其缺点是密度较低，透光性也不够好，容易发白、发乌。

3. 桃色珊瑚／MOMO RED

桃色珊瑚的名字取自桃红珊瑚如桃子一般的颜色，MOMO为日语桃珊瑚的谐音。桃红珊瑚取名自水果桃子的颜色。MOMO的色泽从赤红至白色之间各色皆有，表面有白心，一般分布在水深180~300 m以下。MOMO主要产自东南亚地区，其中我国台湾地区产量很大。

MOMO珊瑚另外也产一种非常特别又珍贵的品种，色泽呈均匀的粉红色，西方人形容如同婴儿皮肤般的细嫩，故称为Angel Skin（天使的肤色），文玩、珠宝市场中称为"孩儿面"，质地十分细致嫩白，且带有粉色透红的色感。

在文玩市场上，珠宝珊瑚根据颜色透红的程度有一色、二色、三色之分。不同的品种均有三色之分。

珠宝珊瑚如何保养？

1. 珠宝珊瑚珠子对酸、碱很敏感，应当避免接触各类化学物品，酸、碱性液体及香水，化妆水等。

2. 在佩戴玩珠宝珊瑚后，用软布轻轻擦拭表面，然后妥善保管。

3. 宝石珊瑚可经常泡清水及抹清油，以保持珊瑚的光泽亮度。

4. 若珊瑚表面有污垢，可将珊瑚置于温水中，用软刷粘点牙膏轻轻刷去污垢，然后再用清水洗净，软布擦干即可。

5. 佩戴时尽量避免碰撞、重击，以免宝石珊瑚脱落损坏，不要与硬宝石或硬物放一起，以免摩擦损伤。

如何辨别真假珠宝珊瑚？

要辨别宝石珊瑚的真假，须清楚认识真品的特性。天然的珠宝珊瑚在自然形态下情况各式各样，玩家可以通过对天然珠宝珊瑚的颜色、纹路、表面肌理、质地及蛀洞等多种珊瑚天然瑕疵的现象，以便识别珊瑚真假情况。

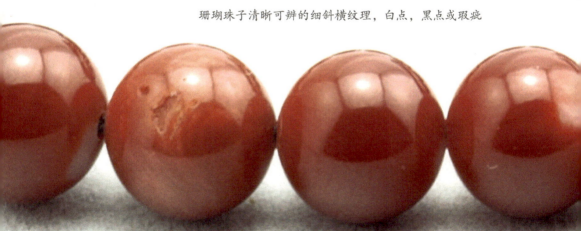

珊瑚珠子清晰可辨的细斜横纹理，白点，黑点或瑕疵

1. 有自然精细斜横纹理，每一件珊瑚都不相同。

2. 有自然瑕疵，如小白点、小黑点、小斑点都很正常，非不良品。

3. 珊瑚是珠宝中唯一有生命的千年灵物，光泽艳丽、温润可人、晶莹剔透、千娇百媚。贴身佩戴能促进血液循环，而且依各人身体状况而产生各种不同颜色的变化，故可称为人体精、气、神的观测站。

下面介绍几种常见假珊瑚。

1. 利用海柳、海竹仿制成的珊瑚饰品。表面有明显的纵纹理，颜色均匀，给人呆、死、涩的感觉，没有天然珊瑚玉石独具的孔隙残余。

2. 填充珊瑚染色，质地疏松的浅海树枝状造礁珊瑚用注胶方式填充染色而成，表面光滑、粗糙易碎、颜色易褪。

3. 合成珊瑚，各种贝类或造礁珊瑚研磨成粉末，塑注成各样珊瑚形状。没有自然纹理，几乎每件珊瑚都相同，颜色易褪。

4. 各类玉石仿制珊瑚制品，用白云石或方解石染色而成，颜色很均匀，但易褪色，没有光泽。

5. 塑料染色珊瑚，用塑料制品染色成珊瑚，质地轻、易褪色、无自然纹理与光泽。

6. 美容珊瑚，此种假珊瑚最容易以假乱真。是用劣质珊瑚或白珊瑚为核心，采用特殊涂料与珊瑚粉末层层包裹，并将红珊瑚自瑕疵如小白点、小黑点一一仿制而成为最贵重的深红珊瑚、桃红珊瑚，有时可以达到以假乱真的程度，但密度往往不对，玩家须注意。

佩戴宝石珊瑚雅珠有何讲究？

宝石珊瑚代表着高贵和权势，也是幸福和永恒的象征。在历史上，宝石珊瑚一直是帝皇的专属，是最为稀有的天然资源之一。因宝石珊瑚本身独特的生命品格、天然的色泽与神奇的力量，是皇亲贵胄们所无法

第三章 佛珠手串辨赏

抗拒的天然有机宝石。另外,在藏区,珊瑚也是十分受到尊重的一种宝石,有着宗教的神秘色彩。

二、象牙

什么是象牙?

象牙以其洁白、细润、天然优雅的纹理,质地坚硬而又富有韧性的特点,成为雕刻工艺的优等材料,同时在历史上也是文玩收藏市场中常见的一种雅珠类型。

近年来,为了保护野生象种群,必须在全球范围内严格控制包括象牙在内的象产品的国际贸易。自《濒危野生动植物种国际贸易公约》签署以来,针对象牙贸易及中国国内象牙市场监管决议被严格的实施。自1990年起,亚洲象牙和非洲象牙制品被全球范围内禁止贸易。

虽然出于人道主义和野生动物资源的保护,象牙已经被严厉禁止。但作为一种有机宝石,象牙在中国历史上很早就已经被制成包括珠子在内的各种工艺品,甚至可以追溯到三千多年前的商代。因此目前文玩收藏市场上依然留存有大量老象牙的制品。

清代象牙制健身球

现在市面上流通的象牙制品更多的是以猛犸象牙化石为原材的。由于猛犸象在约一万年前已经绝种，但依然留存有大量的牙化石原料供使用。

如何鉴别象牙珠子？

包括猛犸象牙、海象牙甚至有机塑料制品在内象牙替代品的出现，使得象牙的鉴别变得非常困难。在文玩收藏市场中，一般通过牙纹的观察来判断象牙，而观察象牙截面的牙纹夹角成为辨别象牙与猛犸的最好方法。

象牙牙纹夹角是在1800年被欧洲人Bernhard Gottlob Schrege发现的，他发现象牙的牙本质中存在由直径约0.8～2.2微米的微管所组成的特有的三维空间结构，也称施氏结构。在象牙的横截面上很容易观察到这些微管所呈现出的线条状影像——施氏线。施氏线向不同方向辐射所形成的夹角被称为施氏角。当施氏角的角度平均值大于115度时，基本可以确定是现生象牙。而施氏角的角度平均值小于110度时，则基本可以确定是猛玛象牙。这种方法现在已经成为辨别象牙和猛犸牙的主要方法，并且基本无误。

在象牙的横切面中，越靠近牙心的部分，越难发现有施氏结构，而越靠近牙皮面的部分施氏结构越明显。

象牙珠子表面布有十字交叉的牙纹，文玩业内称为"十字纹"

第三章
佛珠手串辨賞

象牙雅珠

如何保养象牙珠子？

老象牙的收藏有一种说法，叫"十牙九笑"，"笑"是指象牙开裂的一种吉祥说法。象牙容易开裂，但是象牙的裂纹是十分具有艺术感，一般难以人工仿制。开裂后牙体表面的裂纹走势和整体质感增加了藏品的年代感和沧桑美。

因此，在保养象牙珠子时，我们可以通过刷油和防水、防风等手段尽可能的延缓象牙开裂的时间，但是牙是始终都要裂的，不要排斥象牙的裂痕，真正的老牙收藏家看重的反而是牙体裂痕的美感。

老牙球的裂纹

三、犀牛角

什么是犀牛角？

犀牛角是犀牛表皮皮质角化形成的，不同于别的多数动物角，犀牛角的内部是中空的（实心部分为角尖）。犀牛角内部并没有骨质结构，位于犀牛头部的鼻骨上方。中国从很早就有使用犀牛角的历史，在我国版图中，曾分布着三种犀牛：爪哇犀、印度犀和苏门犀，由于人类的滥杀，目前这几种犀牛在中国均已绝种。人们对于犀牛角的研究和使用一直体现在对野生动物资源的保护和治疗人体疾病上，中医认为动物角主肝气，是大凉的强药，可"清热，凉血，定惊，解毒"，因而曾大量使用犀牛角做药（现已被禁的早期安宫牛黄丸就是使用犀牛角为主要成分）。1993年5月29日中国国务院发出关于禁止犀牛角贸易的通知：禁止犀牛角的一切贸易活动，并停止生产含有犀牛角成分的药品。

如何鉴别犀牛角珠？

在中国传统文化艺术领域中，犀牛角具有重要的历史、科学及艺术价值，有幸存下来的犀牛角尤其是犀牛角艺术品更被视为稀世之宝。

一般犀牛角加工品分为白犀牛角材质、花犀牛角材质和黑犀牛角材质。判断犀牛角的特点主要有如下两个。

1.犀牛角表面有明显的"发丝纹"或"竹丝纹"，斜截面或横截面可见如同皮肤般的纹理，称为"鱼子纹"，这是其他角类所不具备的特性。

2.犀牛角的透光度比较好，气味微香，尤其是新剖面，有着明显的芝麻香气，且略带腥味，但绝不刺鼻。这也是犀牛角独有的特点。

灰白透明的犀牛角珠子,一般称为白犀牛角

灰黑质地的犀牛角珠子,一般称为黑犀牛角

第三章 佛珠手串辨赏

如果白犀牛角质地珠子颜色泛红，内里如有血丝，一般称为血犀牛角

四、盔犀鸟头

什么是盔犀鸟头？

盔犀鸟头胄，文玩收藏圈子里称为"鹤顶红"，为盔犀鸟前额的盔状角质隆起，体色鹅黄，表层鲜红。"鹤顶红"质地坚实致密、易于雕琢，历史上就开始被用于制作各类摆件、珠链、挂饰等工艺品，是较为珍贵的文玩材料。

盔犀鸟分布于东南亚各地，包括缅甸、泰国、马来西亚、印度尼西亚、菲律宾、文莱等地。盔犀鸟一般栖息于热带低海拔森林地区，以无花果等植物果实为食，亦捕食昆虫和小型爬行动物。

中国自明代郑和下西洋后，就开始从南洋诸国进口"鹤顶"，作为一种奢侈的装饰品，供皇室使用，因此在文玩市场中，有"一红，二黑，三白"之称呼，其中分别指盔犀鸟胄工艺品，犀角工艺品和象牙工艺品。到了清代，由于清政府对海运的严格控制，减少了供给，"鹤顶"工艺品在一段时间内近乎绝迹，因此现在很少见到老"鹤顶"制品。近年来，由于盔犀鸟所赖以生存的森林面积的减少和对其大范围的捕杀，这个种群的数量正在快速减少，现已经被列为近危物种。在我国，盔犀鸟属于一级保护动物，因此其头胄工艺品交易是违法的。

如何鉴别、保养盔犀鸟珠子？

盔犀鸟珠子整体呈黄色，顶部留红，仿若朱砂一点，一般红色是来自盔犀鸟头盖顶部红色物质，但是目前市场上有很多是通过后期加工上去的。

"鹤顶"珠子的仿制品近年来也开始出现在文玩市场上。其中多数以塑料制品冒充，和真品差距是较大的，真品用肉眼可以看到内部呈现一层一层的丝状体，光泽感更强，更加柔润，其中红色的点状部分边缘模糊，有如渗入珠体中。

盔犀鸟珠子十分容易开裂,内部较易出现裂痕,保养时需要十分精心的呵护。一般多用橄榄油包裹珠体,避风和温差,以免开裂。

五、砗磲

什么是砗磲?

砗磲又名车渠、紫色宝、绀色宝,它是世界上最大的双壳贝,主要分布在印度洋、太平洋海域,集中在印尼、缅甸、马来西亚、菲律宾、澳大利亚等热带海域低潮区附近的珊瑚礁间或较浅的礁内较多。我国海南省及其附近南海诸岛也有分布。

砗磲贝壳略呈三角形,壳顶弯曲,壳缘呈波形屈曲,灰色表面上有数条类似于被车轮辗压过的深沟道。在其尾端处切磨下来的,具有美丽的珍珠光泽、颜色、晕彩且质地细腻的部分可作为宝石的材料,也是一种优质的工艺品原材料,在文玩市场上通常将其磨制成圆珠或制作成各

种工艺品，其色泽也是所有贝类制品中最漂亮的。

砗磲一般呈白色、乳白色、黄白色，有透明、半透明和不透明状的。内部是牙白色和棕黄色相间，且棕黄色出现一些金色光泽时，我们可以称其为金丝砗磲。

如何保养和鉴别砗磲？

砗磲虽然是珍贵的深海贝类材质，但是其个头很大，加工制作成圆珠后在收藏市场中并不算是高价品。文玩市场中对砗磲的仿制主要是用天然砗磲废料粉末压制或使用一些其他的贝类和草珊瑚礁仿冒。

象牙白色和黄棕色相间，泛金丝的金丝砗磲

在文玩收藏市场中,辨别砗磲真假的方法主要有:

1. 砗磲珠子表面有细密的纹理,光泽很细腻、微透明,金黄色与乳白色相间,而假砗磲整体发死白色,表面毫无光泽感。

2. 用草珊瑚或造礁珊瑚来仿造的砗磲珠子表面常有明显的孔洞、光泽暗淡、色调均一,市场上还有一些染色的砗磲珠子,美其名曰红砗磲、蓝砗磲,其实都并非是天然的砗磲原料加工制成的,用酒精棉球可拭去表面颜色。

3. 大块砗磲的外观特征有如车轮与沟渠所构成的图案。这也是鉴定真假砗磲的重要指标之一。天然的砗磲都是独一无二的,即便是制成珠子,每一颗的光泽、颜色、内质多少都会有不同之处。如果出现一串珠子完全一模一样的,则肯定不是天然的。

4. 取一颗残次珠子,将其击碎,天然砗磲里面会有贝壳状断面,而仿制品则无。

如何保养砗磲珠子?

1. 砗磲和珍珠、珊瑚同属有机宝石,其化学成分都是以碳酸钙为主,硬度只有3.5左右。因此要保持砗磲的独特光泽,在佩戴过程中不可接触强酸、强碱及受到强压,勿他其他金属饰品碰撞。

2. 定时清洗砗磲珠子,可先用清水冲洗干净,用细软布擦干,再用天然绵羊油(天然纯檀香油亦可)、婴儿油或中性乳液擦拭保养。

佩戴砗磲有何意义?

砗磲是佛家七宝之一,佛家认为砗磲除了可做身体装饰外,佩戴在身上也可以保佑平安,可以辟邪。在文玩市场上,砗磲也是常见的主珠,也常作为配珠使用。除了其美丽大方百搭的色泽之外,砗磲也具有一定的药用价值,《本草纲目》中记载砗磲有镇心、安神、凉血、降压的功效。佩戴砗磲珠子并不一定有立竿见影的效果,但是经长期佩戴确有一定的保健作用。

文玩砗磲雅珠

六、补充

本章中所介绍的材质是国家法律明文禁止进行私下交易或买卖的,本章介绍内容仅供了解。

在中国历史的文玩收藏市场上，一直有一些特殊材质的开采和利用是受到谴责甚至禁止，但依然长期存在的。这些特殊材质一般都是一些稀缺的动植物资源。虽然玩家们、收藏家们对这些特殊的材质所制成的珠子一直青睐有加，但是其中一些特殊资源的开采是破坏性的且非人道的，在目前的中国社会，包括收藏界在内，对这些稀缺动植物资源都有不同程度的抵制，而国家也已经有了法律的明文保护。

（没有买卖就不会有伤害，遮掩信息并不起到保护作用，笔者希望文玩爱好者们对其有所了解后做出正确的选择。）

第四章 佛珠·手串的设计和搭配

第四章
佛珠·手串的设计和搭配

在前面的几章中,我们分别介绍了珠子的来历,文玩雅珠的文化和各种类型的文玩珠子。在本章中,我们主要来介绍文玩市场中各种珠串、珠链的设计和搭配。

如何设计文玩珠子?

传统的文玩珠串设计一般分为手串和长串两种,手串是只能佩戴在手腕上的珠串,一般绕腕一周,而长串既可以佩戴在脖颈上,也可以佩戴在手腕上,在脖颈上为项链式的,在手腕上多是数圈环绕的。

如前文提到过的橄榄核串,传统橄榄核雕刻的十八罗汉造型一般为单面十八罗汉,每一颗核都是一个罗汉头,十八颗核子加上一颗款珠,一个坠底米勒,共二十颗,加上各种隔珠隔片后串成一条长串,正好可挂在脖颈上。由于文玩市场对手串佩戴的追求,橄榄核雕刻十八罗汉题材也发生变化,从原先的每颗雕刻一个罗汉头转化为每颗雕刻两个罗汉头,分正反两面,如此十八颗核便衍变成九颗,加上款珠十颗,成串后的大小便非常适合手腕佩戴。这就是双面十八罗汉的由来了。

根据每颗单珠的大小我们便可定位其为长串或手串，然后再进行搭配和设计。

文玩珠串的设计一般可以按照佛珠的设计风格，主要有以下几个组成部分：子珠、母珠、佛塔、节珠、计数器、弟子珠、格片等。

各类雅珠

各类配饰

第四章 佛珠·手串的设计和搭配

1. 子珠

子珠既是一条珠串中最重要的主体，也是此条珠串中数目最多的珠子。手串主珠根据珠子直径的大小一般从10～20多颗不等，长串一般是108颗，也有使用不同数量的。在传统珠串的搭配中，子珠只能由一种材质组成，其整体的风格也是协调统一的。子珠的风格决定了整条珠串的底蕴。

2. 母珠

在一串佛珠的终结部位有一个比较大的三孔珠子，称为"三通"，也可称为母珠。在手串中，母珠的大小一般和其他珠子大小相同或略大一些，也可以没有母珠，而长串中，母珠是必备的，且必须比子珠大一些。母珠的材质可以与子珠相同，也可以是另外一种材质。母珠是一条珠串的最强视觉点，可以突出整体风格，所以很多玩家会将主要的配珠预算投资到母珠三通上，保证珠子的品质。

3. 佛塔

佛塔是安置在母珠的前端的一个圆锥形塔状的小配件，称其为佛塔或者佛头。最初时的佛塔只是一颗小圆珠，顶在佛塔前段。现在的设计风格更愿意使用塔状或圆锥状佛塔，有更强的层次感。多数佛塔和母珠选用同一材质和风格。其实这两种物品的意义是相同的。这两者加上母珠都是代表阿弥陀佛的法身智慧。

4. 节珠

节珠，也可称为配珠、隔珠。作用是配置在子珠内把子珠整体平均切分以达到分段计数之用。在文玩市场上，一般长串才会配置节珠，每隔27颗子珠配上一颗节珠，三颗节珠加上母珠将一百零八颗子珠均匀分成四份。节珠可选用圆珠、桶珠、格片，或者搭配使用，在材料的选择上，节珠一般选择和子珠不同的材质，有时选择和母珠相同的材质，通过色泽、质地的对比展现出明丽的风格。节珠的搭配展现了整条珠串的风格，

需要玩家在搭配时细细选择、揣摩,以搭配出自己喜爱的风格。

5. 计数器

计数器这一概念源自藏地密乘佛教,现在在文玩珠子的配饰中也流行开来,一般使用银质的小卡子,做成莲花或法轮的形状,再悬挂一串银铃或小金刚杵。也有直接悬挂一串小珠串的。计数器在佛珠中念诵佛号计数时有效用,在文玩雅珠中属于一种特别的附属装饰,可给珠串带来一种宗教庄严感。

6. 绳结

绳结的来源是古代佛像中的璎珞,也称为流苏,绳结是珠串的细节体现,不同的绳结也有不同的作用,金刚结代表金刚不动,可以固定绳线的松紧,蜈蚣结具有可调节松紧的作用,"小脚丫"可固定住弟子珠,有一种飘逸感。下文我们会介绍不同绳结的编制方法。

7. 底坠

底坠是挂在整个珠串底部,佛塔下部的坠饰。在朝珠的制式中,在佛珠顶部节珠处会连接处一片祥云状、玉佩状的饰品,被称为"背云"。在现在文玩市场的流行制式中,已经很少有"背云"的出现,取而代之的是在底部坠一个挂件,作为底坠装饰。底坠可以是任何材质和形状,但必定是这条佛珠所要突出的重点。另外底坠多数是整条珠串的终结点,如果搭配上了底坠,一般情况下是不会再搭配弟子珠的。

8. 弟子珠

弟子珠一般要比子珠小一些,一般串成两串,坠于佛塔下方,左右两串各三颗至六颗。弟子珠一般起到装饰作用,最初也是佛珠中用于念诵佛号之计数器的,后逐渐演变成了文玩雅珠设计中的弟子珠设计。弟子珠增添了整条珠串的设计感和美感,可以令珠串更加细腻和丰富。

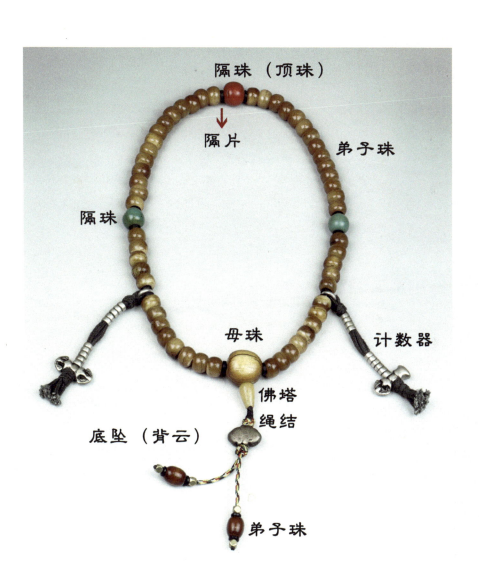

各配珠位置示例图，图中数目并非标准

以下几个绳结是文玩珠串中常用的几种结法。

1. 金刚结

金刚结一般绑在佛塔下面,固定住整条珠串的松紧,金刚结有金刚不坏之意,是一种死结,固定住后便不能活动。

金刚结的绑法:

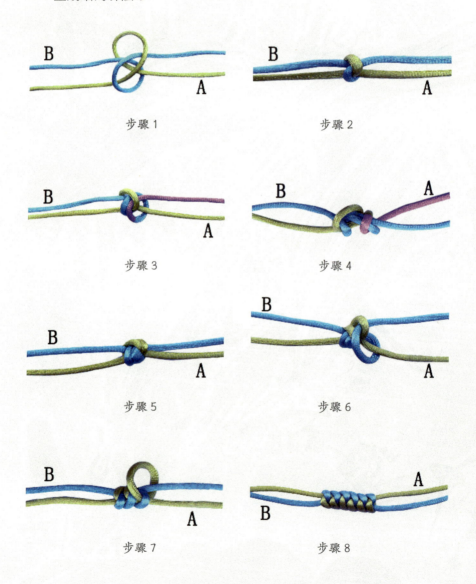

步骤1　　步骤2

步骤3　　步骤4

步骤5　　步骤6

步骤7　　步骤8

2.蜈蚣结

蜈蚣结识一种活结,通常也是用在佛塔下方,蜈蚣结具有调节松紧的作用。使用蜈蚣结的珠串通过调整松紧同时满足脖颈和手腕的佩戴。

蜈蚣结的绑法:

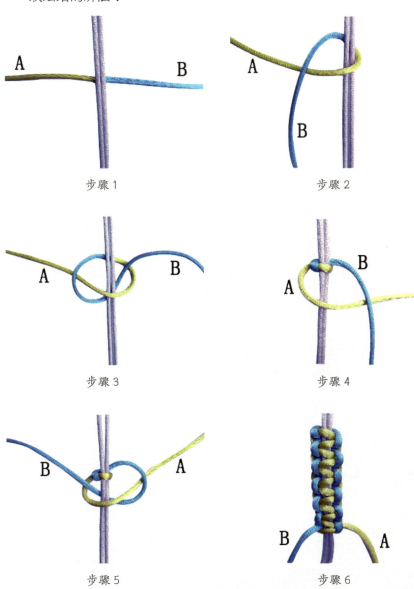

步骤1　　　　　　　　　步骤2

步骤3　　　　　　　　　步骤4

步骤5　　　　　　　　　步骤6

3. 八字结

八字结也称为小脚丫，一般用于弟子珠的底部，其作用是在固定弟子珠位置的同时，又可体现珠串底部的飘逸感。

八字结的绑法：

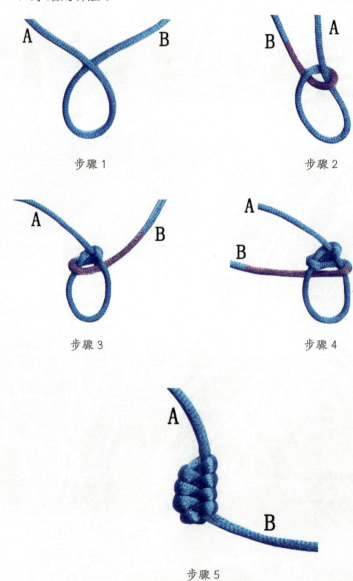

作者简介

张梵：80后文玩商人、作家、香艺师，著有《沉香入门收藏百科》《文玩菩提子鉴赏》《苏州橄榄核雕刻·新锐名家》等作品。愿以文人视角看收藏，以实证角度谈文玩，笔录收藏百态，笑谈文玩百章。现居北京，设北京蓺香社，愿与文玩、收藏爱好者共勉。

后记

本书最终定名为《佛珠·手串收藏入门百科》,以此向中国博大精深的佛学文化致敬。读者们也因知晓:如今文玩市场上流行的各种材质不同的佛珠和手串,皆是出自这渊博的文化之中。

在本书的创作初期,本来想着是做一本以佛珠大全为内容的百科全书,可惜我虽然从事文玩行业多年,却奈何文玩文化过于博大精深,自此时也一直无法完全弄清其中千千万万种不同的珠子。在暗自惭愧的同时,也只能将本书所涉及的范围缩小,因而本书中所涉猎的文玩材质基本上是文玩市场中主流文化的内容,所选的这些珠子都有着丰富的文化背景,有着数量较大的追求者,有着较为出众的品质和收藏价值,也被市场赋予了较高的价格。

同时,也希望这些优雅的珠子能为读者们的生活增添一抹亮丽的色彩。作为从事了几年文玩生意的商人,身边也有着经营各种文玩品类的朋友们,《佛珠·手串收藏入门百科》的创作少不了他们的支持,他们提供了不少珍贵的资料,不过可能资料太多,有些已经进行了取舍,在此也由衷地感谢你们对本书的贡献。

收藏书作家不同于其他书,写作重在整理资料,为读者提供帮助,同时添加自己的理解。即便是能洋洋洒洒的长篇大论,但也称不上专家,在我看来,专家始终是那些站在行业一线的人们。他们上山入海,每天与各种难得的珍贵材质打交道,对于玩物的理解自然是最深刻的,自然也不是我们这些纸上谈兵的人可以比得上的。文玩收藏有如今的盛况,这些勇士们当记上首功。

最后,感谢为本书提供视频支持的迎思祥水晶李刚先生,翡翠超市的陈秀芹女士,听松阁崔炜垚先生。希望本书可以为许多热爱文玩、热爱手串、热爱收藏的朋友们提供帮助。希望大家可以喜欢这本书!

张 梵
于北京

2014年手串拍卖价格

作品名	估价/元	成交价/元
南红玛瑙手串	无底价	RMB 36,800
南红玛瑙手串	无底价	RMB 17,250
南红玛瑙手串	无底价	RMB 17,250
南红玛瑙项饰	无底价	RMB 5,750
南红玛瑙项饰	50,000～55,000	RMB --
南红二十六颗项链	无底价	RMB 13,800
南红配松石、青金项链	无底价	RMB 11,500
南红玛瑙配红木珠项饰	38,000～45,000	RMB --
南红二十五颗项链	200,000～250,000	RMB --
玛瑙手串	无底价	RMB 5,750
花珀手串	无底价	RMB --
东珠手串	无底价	RMB 9,200
天河石团寿字纹念珠	无底价	RMB 5,750
青金石团寿字纹念珠	无底价	RMB 5,750
琉璃手串	无底价	RMB 2,300
琉璃珠二十二颗项链	无底价	RMB 4,140
金珀手串	无底价	RMB 11,500
金珀配松石18粒念珠	无底价	RMB 9,200

续表

作品名	估价/元	成交价/元
琥珀项链配老金	22,000～28,000	RMB 32,200
绿松石手链	无底价	RMB 9,200
药师配松石，南红，金珠手链	无底价	RMB 23,000
多宝手串	70,000～78,000	RMB —
多宝配紫檀项链	无底价	RMB 18,400
珊瑚配绿松石翡翠项链	45,000～48,000	RMB 51,750
珊瑚念珠	40,000～45,000	RMB 46,000
珊瑚碧玺念珠	28,000～32,000	RMB 32,200
珊瑚念珠	180,000～200,000	RMB 207,000
珊瑚项链	35,000～40,000	RMB 46,000
珊瑚法器（一对）	128,000～150,000	RMB 147,200
珊瑚法器（一对）	128,000～150,000	RMB 147,200
紫檀配青金石隔珠	无底价	RMB 9,200
紫檀木108颗	40,000～45,000	RMB —
木珠配翡翠隔珠朝珠	70,000～78,000	RMB 80,500
药沫十八子念珠	无底价	RMB 11,500
沉香手串	45,000～48,000	RMB 51,750
奇楠十八子念珠	250,000～280,000	RMB —
沉香配蜜蜡念珠	120,000～150,000	RMB 138,000

续表

作品名	估价/元	成交价/元
玉片料珠项链	无底价	RMB 6,900
多宝串项链	45,000～48,000	RMB 51,750
嘎巴拉念珠	25,000～28,000	RMB 36,800
椰壳配玛瑙念珠	35,000～38,000	RMB 40,250
牛骨 110 粒	无底价	RMB 11,500
灵骨 108 颗	35,000～38,000	RMB --
灵骨 108 颗	40,000～45,000	RMB 46,000
砗磲配药师隔珠项链	45,000～50,000	RMB 51,750
菩提根 108 颗	无底价	RMB 13,800
五线菩提 108 颗	无底价	RMB 5,750
星月菩提配珊瑚隔珠念珠	无底价	RMB 9,200
星月菩提 108 颗	无底价	RMB 5,750
星月菩提 108 颗	无底价	RMB 20,700
星月菩提 108 颗配药师隔珠	38,000～45,000	RMB --
星月菩提 108 颗	45,000～55,000	RMB 51,750
星月菩提 108 颗	45,000～52,000	RMB 51,750
星月菩提 108 颗配南红隔珠	68,000～75,000	RMB 69,000
星月菩提 108 颗	60,000～68,000	RMB 78,200
金刚菩提配海蓝宝隔珠	无底价	RMB 23,000

续表

作品名	估价/元	成交价/元
凤眼菩提108颗	35,000～38,000	RMB 40,250
凤眼菩提配珊瑚隔珠	55,000～65,000	RMB 63,250
珊瑚项链	140,000～180,000	RMB 161,000
老玛瑙项链手串（各一条）	450,000～520,000	RMB --
南红玛瑙项链	500,000～580,000	RMB 575,000
任敏华款橄榄核雕伏虎罗汉	无底价	RMB 2,300
陶美华款橄榄核雕瘦头陀	无底价	RMB --
丁国英款橄榄核雕双面十八罗汉手串	无底价	RMB 2,300
黄华款橄榄核雕喜怒哀乐手串	无底价	RMB 9,200
过建伟款橄榄核雕双面十八罗汉手串	无底价	RMB 9,200
胡小兰款橄榄核雕双面十八罗汉手串	无底价	RMB 17,250
殷晨月款橄榄核雕双面十八罗汉手串	无底价	RMB 17,250
核雕福禄手串	无底价	RMB 2,300
核雕尸陀林念珠	30,000～38,000	RMB 34,500
蜜蜡珠手串	无底价	RMB --
蜜蜡配蓝沙金手串	无底价	RMB 9,200
蜜蜡手串	无底价	RMB 8,050
蜜蜡手串	无底价	RMB 12,650
蜜蜡手串	25,000～30,000	RMB 34,500

续表

作品名	估价/元	成交价/元
蜜蜡手串	32,000～38,000	RMB 36,800
蜜蜡手串	35,000～42,000	RMB 43,700
蜜蜡手串	40,000～48,000	RMB 46,000
蜜蜡手串	30,000～38,000	RMB 34,500
蜜蜡手串	32,000～38,000	RMB 37,950
蜜蜡念珠	无底价	RMB 20,700
琥珀手串	无底价	RMB 21,850
蜜蜡手串	150,000～180,000	RMB --
蜜蜡挂坠	无底价	RMB 17,250
蜜蜡挂坠	无底价	RMB 13,800
老血珀配青金石项链	无底价	RMB 23,000
蜜蜡挂坠	25,000～32,000	RMB --
蜜蜡项饰	无底价	RMB 23,000
蜜蜡配珊瑚项链	30,000～38,000	RMB 34,500
多宝项链	35,000～42,000	RMB --
蜜蜡项链	无底价	RMB 36,800
蜜蜡配珊瑚项链	65,000～72,000	RMB --
蜜蜡项链	无底价	RMB 20,700
蜜蜡项链	30,000～38,000	RMB 34,500

续表

作品名	估价／元	成交价／元
蜜蜡项链	无底价	RMB 17,250
蜜蜡项链	无底价	RMB 20,700
蜜蜡项链	32,000～38,000	RMB --
蜜蜡项链	45,000～52,000	RMB 51,750
蜜蜡项链	30,000～35,000	RMB 34,500
蜜蜡项链	45,000～52,000	RMB --
蜜蜡项链	60,000～68,000	RMB 69,000
蜜蜡三十五颗项链	60,000～68,000	RMB 69,000
蜜蜡项链	50,000～58,000	RMB 57,500
蜜蜡塔珠项链	40,000～48,000	RMB 51,750
邦提克木珠三颗	无底价	RMB 23,000
邦提克木珠项链	30,000～35,000	RMB --
木珠项链配红玉髓挂饰	80,000～85,000	RMB --
邦提克木珠项饰	200,000～280,000	RMB 230,000
木珠牟尼宝配珊瑚项链	200,000～280,000	RMB 230,000
药师珠手串	30,000～35,000	RMB --
药师珠手串	35,000～38,000	RMB --
一线药师项链	无底价	RMB 24,150
药师珠三颗配老金隔珠项链	60,000～68,000	RMB --

续表

作品名	估价/元	成交价/元
老漆葫芦配一线药师珠	无底价	RMB 11,500
药师珠108颗	70,000～82,000	RMB —
药师珠项链15颗	120,000～180,000	RMB —
黑白珠两颗手串	无底价	RMB 17,250
黑白珠手串	无底价	RMB 23,000
黑白珠项饰	无底价	RMB 23,000
玛瑙配水晶项链	35,000～42,000	RMB —
线珠项链	38,000～45,000	RMB 43,700
三色线珠项饰	90,000～100,000	RMB 109,250
羊眼配珊瑚项链	50,000～62,000	RMB —
羊眼半珠	80,000～88,000	RMB —
小两眼天珠手串	38,000～45,000	RMB —
小两眼天珠配珊瑚隔珠手串	38,000～45,000	RMB —
小两眼天珠手串	38,000～45,000	RMB 43,700
小两眼天珠配蜜蜡隔珠手串	38,000～45,000	RMB —
两眼天珠配蜜蜡手串	130,000～150,000	RMB —
两眼天珠配蜜蜡手串	160,000～180,000	RMB —
小三眼天珠手串	48,000～55,000	RMB —
天地天珠	120,000～150,000	RMB 184,000

续表

作品名	估价/元	成交价/元
怀法两眼天珠	80,000～88,000	RMB —
怀法两眼天珠	170,000～200,000	RMB —
双线两眼天珠	450,000～480,000	RMB —
虎牙天珠	280,000～350,000	RMB 322,000
圆形虎牙单线天珠配珊瑚砗磲项链	700,000～780,000	RMB —
虎牙天珠13颗	400,000～480,000	RMB 920,000
金刚三眼天珠	400,000～480,000	RMB —
金刚六眼天珠	450,000～500,000	RMB 678,500
双天地天珠	1,800,000～2,200,000	RMB —
双线九眼天珠	5,000,000～5,500,000	RMB —